叱りゼロ！

自分で動ける子が育つ魔法の言いかえ

プロコーチ
NLP マスタープラクティショナー
田嶋英子

青春出版社

はじめに

「もっと頑張れ」
「これ以上頑張れません」

令和の時代に入って、つくづく感じているのは、昭和世代の親と平成以降に生まれ育った子どもたちとの間のコミュニケーション・エラーの問題です。

つい先日も、あるお母さんから相談を受けました。中学受験を前にした娘さんから言われたそうです。
「お母さんと話すとやる気が下がるから、話したくない」
シングルマザーとして一生懸命に育てた一人娘にこう言われて、ショックを受けたそうです。

お母さんからすると、まったく思い当たることがない。傷つけるとか、やる気を下げるつもりなんて、ないのです。

励まそう、元気づけようと思って言葉をかけていたのです。

「それ以来、どう声をかけていいのか、分からなくなりました。自分の子育てにも自信がなくなってしまって」

お母さんも泣きそうです。

お母さんだって、まだ30代です。この世代の人は、ときに昭和世代の言葉に違和感を覚えながらも、それに従ってきた世代と言えます。自分が言われたとおりに言っただけ。自分はそうして頑張った。それが、次世代には、まったく違うふうに受け取られてしまったら、混乱しますよね。


どう考えたらいいのでしょうか。ちょっと解説しますね。

「もっと頑張れ」と言われると、子どもたちには、「今、頑張っていない」と聞こえるのです。

つまり、承認されていない、否定されている、と伝わっているのです。**ダメ出し**ですね。

ややこしいのは、親世代の基準から見ると、子どもたちは「頑張っていない」ように見えるのです。なぜなら、成果が出ていないから。その前提として、あまり行動していないからです。

もっと頑張れるはず、もっとできるはず、と心から思っているから、「もっと頑張れ、やればできる」と叱っているだけなのです。よかれと思ってです。

親世代の評価の基準は、「できる」（成果・能力）と「やっている」（行動）です。その基準から見ると、子どもたちは、「頑張っていない。やっていない」だから、「やればいいのに」「頑張ったらいいのに」という声かけになるのです。

ところが、子どもたちは、すでに「頑張っている」のです。

「成果・能力」「行動」というポイントでない、承認ポイントがあるのです。そこを見つけて承認することが、子どもたちのやる気を持続させ、行動につなげる鍵になります。

その**承認ポイントは、「目標を持つこと」「やろうとすること」（意欲）**です。
まだ「成果」にはつながっていない。まだ十分な「行動」にもつながっていない、でも「やろうとしている」。その「意欲」を持つこと自体に、「頑張っている」のです。

イメージしてみてくださいね。
親世代は、目の前に山がある世界に生きているわけです。「その山を登る」という目標を持つのが自然だし、その目標は分かりやすく、登った先のゴールも自明です。きっと今より景色もいい。空気もキレイ。気持ちいいはずです。今よりもいい生活、今よりもいい給料、今よりもいい仲間。途中つらいかもしれないけれども、何よりも、登ってみたい。そんな感じです。

ところが、子どもたちの世界には、山がありません。見渡す限り草原です。どちらを目指したらよいのか、分かりません。どう進めばよいのか、それとも今のところにいるほうがいいのか、分かりません。進んだ先に何があるのかも約束されていないし、今よりもよくなるという保証もない。そして、たとえ草原のピクニックといえども、歩くのにはそれなりの体力と気力が必要です。

そんな中で、とりあえず一つの目標を定めること、どちらかの方向に進もうとし始めること、その目標をブレずに持ち続けることが、子どもたちにとっての「頑張る」ポイントです。

だから、**目標を持ったこと、「意欲」を持っていること自体を、「頑張ってるね」と承認する声かけ**をしてあげてほしいのです。

それでこそ、**「自分のことを分かってくれている。この人のために、もう少し頑張ってみようかな」と思える**ようになるのです。

子どもたちにとって、目標を自分で持てるって、スゴイことなんです。

目標を決めて、それに取り組もうとしていることって、それだけで素晴らしいんです。それだけで、このAI時代のなかで、人と差別化できます。「成功」なんです。

そういう理解をしてくださいね。

承認の次に、**「やってみたらいいよ」というお父さん、お母さんの信頼いっぱいの後押し、励ましが有効**です。

そちらの方向でいいんだ！　進んでいいんだ！

その「励まし」こそ、子どものやる気を持続させるんです。

失敗に見えることも、無駄に感じることもあると思いますが、たくさん経験させてください。

その**経験こそ、AIと人間を分ける、人間独自の、その子独自の、価値となっていく**のです。


子どもたち、頑張ってます。

何もしてないように見えても、頑張ってます。

何かを目指そうとして、頑張ってます。

お父さん、お母さん、その姿を見つけるように、努力してみてくださいね。

そして、子どもたちが、成果を出していないから、行動していないからといって、叱らなくてもいいんです。**叱るよりも、「きっとできる」という背中を押す励ましの**

がんばって!!
かえって
やる気
なくなる〜
やらなきゃ
ダメ!!
その言い方、
子どもには
「がんばって
ない」って
聞こえるよ
「言いカエル」くん
え!?
言いかえる
だけで
子どもは
変わります!!
別人!!

言葉が有効です。
従来の成功の法則、「ダメ出し」→「叱る」のやり方ではない、新しい子育ての成功法則を一緒に学びましょう。

難しくありません。びっくりするほどカンタンです。
本書で紹介する、**ちょっとした言葉の言い換えで、子どものやる気がみるみる変わる**のを実感してくださいね。

親がふだん使っている言葉、その言葉は、子どもの人生を左右するほどの影響力があります。
驚くほど自分から行動する子どもが育つ、この本がそのヒントになればと願っています。

叱りゼロ!
「自分で動ける子」が育つ
魔法の言いかえ

目次

第2章 失敗を恐れず、チャレンジする心を育てる言葉
知らないうちに子どもの自発的な行動を止めていませんか

第4章 友だち・人間関係がうまくいく言葉
人を信頼し、人から信頼される

第5章 自分からチャンスをつかむ子になる言葉

いざというときに実力が発揮できる

言いカエルくん

カバー・本文イラスト　坂木浩子
本文デザイン・DTP　岡崎理恵
企画協力　糸井浩

序章

親の「口ぐせ」「思考ぐせ」が子どもの将来を左右する！

「親の言葉」には「子どもの人生」を変える力があります

昔から日本では、言葉の持つ力を「言霊《ことだま》」と言って大切にしてきました。『思考は現実化する』という有名な本もありますが、「思考」とは、「言葉」です。

「言葉」を変えることで、「思考」「考え方」を変えることができます。そうすると「感覚」が変わり、「行動」が変わります。

「行動」が変わると「習慣」が変わります。「習慣」が変わると、「人格」が変わり、「人生」も変わります。

たとえば、見たこともない南国のフルーツがあって、変な見た目だし、まったく美味しそうに思えないとします。

それを見て、「アリエナイ」と思えば、あなたの人生とこのフルーツは何のかかわりも持たずに終わります。

「アリかも」と言葉を変えると、思考も変わり、食べてみるという選択肢も出てきます。手に取ってにおいを嗅いだり、皮を剥《む》いて食べるという行動につながると、「甘い」とか「口どけがいい」とか「ちょっとスパイシー」とか、初めて食べるものによって感覚も豊かになります。

この「行動」につながる思考「アリかも」を採用することで、今までかかわりを持たなかった様々なものとの出会いや挑戦の習慣が始まります。

そして、見たこともないものを「アリエナイ」と遠ざけていたあなたの人生とは、まったく違う人生が展開していくのです。

ちょっとイメージできましたか?

「言葉」には、「人生」を変える力があります。

きっと、どこかで聞いたことがあると思います。

「いい言葉」を使うようになると、「いい人生」が展開してくるのです。

「言葉だけ」ではない、実際に「言葉には人生を変える力がある」ということです。

嘘のようですが、本当です。

あなたにとって、「いい人生」とは、どんな人生でしょうか。その人生を送るためには、どんな「いい言葉」を選択していけばいいのでしょうか。

この本を読んでくださっている多くの方は、子育て中のお母さんだと思います。

あなたが選択した「いい言葉」は、あなたのお子さんにいい影響を与えていきます。

それだけでなく、ご家族、友人たち、親せき、職場や地域の人々、あなたが言葉をかわす人の人生にもいい影響を及ぼしていきます。

そして、今現在は、どうでしょう。

いつも使う言葉、いわゆる「口ぐせ」は、あなたが思っているよりも、あなたの人生に影響しています。

どんな「口ぐせ」がありますか？　いつもどんな言葉を使っていますか？

それから、**「口ぐせ」以前に、「思考ぐせ」というのがあります。**

「思考ぐせ」というのは、頭の中で考える言葉のくせです。

私たちは口から言葉を出す前に、チェック機能を働かせています。

相手を「バカだ」と思っても、そのまま相手の人に「バカだ」とは言わないようにしていますよね。口から出さないけど、頭の中では「バカだ」という言葉が出ているわけです。

大人だから、言わないようにしているだけで、子どもだったら、考えたことがそのまま言葉として出ます。

この「思考ぐせ」も、重要です。

なにげない「口ぐせ」「思考ぐせ」をチェック!

まずは、今、どんな「口ぐせ」「思考ぐせ」があるか、確認してみましょう。

親がついつい言いがちで、相手の（子どもの）やる気や気分がダダ下がりになる言葉から紹介します。

知らずに使っている マイナス言葉

全否定・思考停止を呼び込む言葉

- □ ダメなやつ
- □ 無理
- □ 無駄
- □ 不可能
- □ ありえない
- □ 信じられない
- □ どうせ〜
- □ 全然〜ない（過度の否定）
- □ 絶対〜だ（過度の断定）
- □ いらない

気分が下がる言葉

- □ ダルイ
- □ ウザイ
- □ めんどくさい
- □ おもしろくない
- □ ツイてない
- □ 眠くなる
- □ 退屈
- □ テンション下がる
- □ キモイ
- □ しょぼい
- □ 焦る
- □ 落ち込む
- □ 汚い
- □ たいしたことない
- □ つまらない
- □ 暗い
- □ 嫌いだ

行動を止める言葉

- □ ダメ
- □ やってもしかたない
- □ 役に立たない
- □ どうせできない
- □ やる価値がない
- □ みんなやってる
- □ ろくなことにならない
- □ やって当然
- □ 下手
- □ グズ
- □ 要領悪い
- □ 不器用
- □ 能力がない
- □ 今じゃなくていい
- □ サボる
- □ なまける
- □ でも
- □ だって

他者からの被害を想定する言葉

- □ 笑われる
- □ 怒られる
- □ 恥ずかしい
- □ ひどい目にあう
- □ ずるい
- □ 不公平
- □ ヒドイ
- □ ～される（被害的な受け身）
- □ 敵をつくる
- □ （関係を）切られる
- □ 見捨てられる
- □邪魔になる

頭の回転が悪くなる言葉

- □ バカ
- □ 考えられない
- □ 分からない
- □ 気が利かない
- □ 頭が悪い
- □ 能率悪い
- □ 分かってもらえない
- □ 説明できない
- □ ポンコツ

在り方を否定する言葉

- □ ケチ
- □ わがまま
- □ ヘタレ
- □ いじっぱり
- □ 頑固
- □ 不真面目
- □ 不誠実
- □ 強情
- □ あまのじゃく
- □ 気が弱い
- □ 怖がり
- □ 軟弱
- □ 変わり者
- □ 気が短い
- □ 素直じゃない
- □ かわいくない
- □ 強がり

自分がよく使う言葉はどれですか？　いくつありましたか？
口にする言葉、頭の中で使う言葉、それぞれチェックしてみましょう。
その言葉を見ているだけで、気分が下がりませんか。

次に、いい気分になったり、やる気になったりしてプラスに働く言葉をチェックしてみましょう。

知らずに使っているプラス言葉

存在を肯定する言葉

- □ 大丈夫
- □ 信じてる
- □ いつも見てるよ
- □ 大切だ
- □ 愛してる
- □ 何があっても
- □ オッケー

気分が上がる言葉

- □ うれしい
- □ 楽しい
- □ ワクワクする
- □ ラッキー
- □ 元気出る
- □ 気持ちいい
- □ パワー上がった
- □ おもしろい
- □ 目が覚めた
- □ ピンと来た
- □ 胸が熱くなった
- □ 盛り上がってくる
- □ 感動した
- □ 涙出る
- □ 気にするな
- □ 好き
- □ ありがとう
- □ ツイテル
- □ 絶好調

行動をうながす言葉

- □ イケル
- □ やれる
- □ うまい！
- □ 上手
- □ できたね
- □ やれるだけやろう
- □ よし！
- □ 前に進んでる
- □ イケてる
- □ 順調だ
- □ 早くなった
- □ 集中しよう
- □ うまくいく
- □ よくなってきた
- □ 上向き
- □ いい感じ
- □ オッケー
- □ がんばってる
- □ チャレンジしよう
- □ ナイスファイト
- □ スゴイ
- □ 素晴らしい

他者との信頼を育む言葉

- □ 応援する
- □ 信じる
- □ 味方になる
- □ 一緒にいる
- □ 愛される
- □ 愛する
- □ 与える
- □ 受け取る
- □ つながる
- □ 絆
- □ 認める
- □ 助けてくれる

頭の回転をよくする言葉

- □ 頭いい
- □ 冴えてる
- □ 天才
- □ センスいい
- □ 賢い
- □ よく分かる
- □ よくできる
- □ 解ける
- □ アイデアわいてくる
- □ シナプスつながってきた
- □ 勘がいい
- □ 回転が速い
- □ 正確だ
- □ 説明が分かりやすい
- □ 解決する
- □ 片づける
- □ インスピレーションが降りる

在り方を認める言葉

- □ 優しいね
- □ 意志が強い
- □ 慎重だ
- □ 真面目だ
- □ 個性的だ
- □ かわいい
- □ 気配りできる
- □ 素直だ
- □ カッコイイ
- □ 計画的だ
- □ 人を大切にする
- □ 自分のことをよく知っている
- □ ねばり強い
- □ 信頼できる
- □ 安心感がある
- □ 面倒見がいい

チェックできましたか？

ちょっと気分が明るくなってきますね。


日ごろ口にする言葉、どんな言葉を使っていますか。

いい言葉を意識して使っているという人もいるでしょうね。

「自分は大丈夫」と思ったあなたは、ぜひ、頭の中の言葉もチェックしてみてください。


あなたの周りの人は、どんな言葉を使うことが多いでしょう。

あなたは自分にどんな言葉を聞かせたいですか。

あなたの子ども、家族、周りの人にはどんな言葉を聞かせたいですか。


その言葉に、どんな思いをのせますか。

その言葉で、どんな未来を創りますか。

あなたが使う言葉で、あなたの人生が変わるとしたら、あなたはどんな言葉を選択しますか。

この言葉はよくないな、この言い方は効果的でないな、と感じながらも、言い続けてしまうのは、なぜでしょう。

その理由は、どう言い換えたらいいのかが分からないからです。

この本では、「言葉の言い換え」という方法を提案していきます。ちょっとした心がけと努力で、誰にでもできる方法です。

そして、どうしてその言葉に言い換えたほうがいいのかも、一緒に考えていきましょう。

その理由が腑《ふ》に落ちてくると、もっといい言い換えの言葉が浮かんでくるかもしれません。

人生を明るく、楽しく、前向きにしてくれる、そんな言葉をいくつも知っている、使えているって、素敵なことですよね。

第1章

子どもの「自己肯定感」を高める言葉

自分を好きになると、何でもすすんで「やる気」になる！

自己肯定感が低い日本の子どもたち

さて、第1章では子どもが自分のことを好きになる言葉かけを考えていきましょう。

日本は、先進国の中で「自己肯定感」が目立って低い国です。

「自己肯定感」というのは、「自分には価値がある」「自分は大切な存在だ」という感覚のことです。

内閣府の若者（13歳から29歳）を対象にした調査によると、「自分に満足しているか」という問いに対して、アメリカ、イギリス、フランス、ドイツなどが軒並み8割超え、お隣の韓国でも7割がイエスの回答です。

ところが日本ではイエスの回答は、たったの45パーセント。半分以下です。

「自分には長所があるか」という問いに対しての回答は、イエスは7割弱です。

どちらの問いも各国の中で最下位です。

日本人のこの「自己肯定感」の低さと、若年層の自殺が増え続けている（自殺者全体の数は減っています）ことには関連性がありそうです。

「何かができる」（有能、有益）、「何かを持っている」（所有）のような根拠がなくても、「自分には存在する価値がある」と思えるという感覚を育むのに、家庭は重要な役割を果たします。

家庭での日常の言葉かけ、子どもにとっていちばん耳にする機会の多い、お母さんの言葉を振り返ってみましょう。

自己肯定感を上げていく、自分のことが好きになる、そんな言葉かけって、どんなものがあるでしょうか。

1

「心配だ」↓「信じてる」

心配すれば「心配な子」に、信頼すれば「信頼される子」に育つ

親が子どもに対して、「心配」という言葉を使うのを、よく耳にします。その子どもが、もはや成人していても、です。習慣、「口ぐせ」ですね。

「心配」という言葉を使う人は、きっと子どもの頃から「心配」と言われて育っていると思います。

お母さんは、本能として子どものことを心配してしまう生き物ですから、「心配」と思ってしまう、言ってしまいます。

心配するのは親の愛情だ、と思っている人も多いでしょう。

「心配」という言葉で、何をイメージするか、考えてみましょう。

「何か、困ったことになるんじゃないか」

「ちゃんとできるかどうか、不安」

「この子は、要領が悪いから」

「今までも失敗してるし」

そんな背景が浮かんできませんか。

「心配」が、子どものことを思っての言葉であることは、間違いありません。しかし、イメージする未来が、前向きでないことも確かです。

もっといい言葉、ありそうですね。

一方で、

「心配なんかまったくしていない、ウチは放置です」

と言われるお母さんもいます。

それも、ちょっと違うんですね。

「心配」の反対語は、「信頼」です。

「放置」とか「無視」では、ないんです。

違いが分かりますか？

そうです。愛情があるかどうか、気にかけているかどうか、です。

「放置」という言葉からは、愛情は伝わりません。お母さんに愛情がないなんて、言ってませんよ。愛情は、あります。でも「放置」という言葉では、その愛情は伝わらないのです。

「心配」という言葉の代わりに、「信頼」「信じてる」を選択しましょう。

「心配」される子どもより、「信頼」される子どものほうが、いい感じじゃないですか？

今までがどうだった、とかよりも、これからどうなってほしいのか、です。

お母さんが「心配」するから、「心配な子ども」になるのです。子どもはお母さんのイメージを演じているのです。

今、「心配」でも、未来は「信頼される人になる」と信じることはできますよね。

お母さんが「信頼」するから、「信頼される子ども」が育ちます。

将来、「信頼される大人」になってほしくないですか？

「心配」を「信頼」に。**「お母さんは、信じてるよ」と伝えましょう。**

2 「嫌い」→「好きじゃない」

「相手の存在を否定しない」言葉の習慣で、世界が広がる

「嫌い」って言葉、気軽に使ってないですか？
食べ物や、飲み物。洋服や家、車といったモノから、人に対しても。
子どもに対しても、使ってないですか？
「お母さん、そんなことする子、嫌いよ」とか。
そんなに直接的に言ってなくても、あるかもしれません。

あるお母さんが教えてくれました。
5歳のMちゃんのお母さんです。
Mちゃんのお母さんは、はっきりした性格で、嘘がつけません。嫌いなものは「嫌

い」と言わないと気が済まないし、それがいいと思っていました。

そんなお母さんが、「これ、マズイ。嫌い」と言った食べ物に向かって、Mちゃんが、「ごめんね」と謝っていたことがあったそうです。

「Mは、私と違って繊細な子で、私は、何だか反省させられました。私こそ、『ごめんね』ですよね」

「嫌い」という言葉には、相手の存在を否定する響きがあります。

同じような言葉ですが、「好きじゃない」って言ってみませんか。

違い、分かりますか？

「嫌い」と表現するとき、自分とそのモノや人との間に、何か引かれる線のようなものを感じられますか。「好き」か「嫌い」か、白か黒か、世界が二つに分かれる感覚って、ありませんか。

世界は、そんなに単純なものではなくて、「好き」と「嫌い」の間には、無限の段階、無限のグラデーションがあるとイメージしてください。

言葉で言うと、

「好き」「嫌いじゃない」「好きじゃない」「嫌い」

という段階です。

もっと言うと、

「すごく好き」「好き」「ちょっと好き」「嫌いじゃない」「普通」「好きじゃない」「ちょっと嫌い」「嫌い」「すごく嫌い」

という段階です。

世界には、そんなふうな段階があって、それらは、まったく別々のものではなくて、なだらかにつながっている。

だから、今、好きじゃなくても、「好き」になる可能性はある。

今、理解できなくても、理解できる可能性はある。

その余地を残しておくというのが、いい感じの考え方かなと思います。

「嫌い」の代わりに、「好きじゃない」を使うと、その世界が見えてきます。

3 「ダメだ」→「よくない」

「ダメ出し」では自己肯定感が育たない

同じように、「ダメだ」という言葉も、可能性を消してしまう言葉です。

白か黒か、はっきり明確に線を引いてしまう言葉です。

もちろん、世の中には、「ダメ」なことはありますから、それに対して、「ダメ」と表現するのは必要なことです。

たとえば、**安全に関すること。命に関わったり、大きなケガや病気につながること。**

それから、**法律に触れること。犯罪はもちろん、「ダメ」**ですね。

私たちは、あまりにも頻繁に、あまりにも簡単に、「ダメ」って使ってないでしょうか。

「ダメ」なものは、「ダメ」。お母さんが「ダメ」と言ったら、「ダメ」なんだ、そう子どもに思わせるためには、しょっちゅう「ダメ」って言わないほうが効果的です。

それは、ほんとうに「ダメ」なことですか?

ほんとうに「ダメ」なことにだけ、「ダメ」を使いましょう。

あれもこれも、「ダメ」なんて、生きにくいですよね。

そして、「ダメな子ねぇ」って、言わないでくださいね。

子どもは、子どもですから、「ダメ」なことをしでかします。でも、そのコトが「ダメ」なのであって、その子が「ダメな子」じゃないです。

「ダメよ」と禁止したり、「ダメね」とレッテルを貼ったりすることでは、子どもの自己肯定感は育まれません。


ほんとうの意味で「ダメ」ではないなと感じたら、「ダメ」の代わりに「よくない」を使ってみませんか。

「よくない」という言葉の背景には、「とてもよい」「よい」「悪くない」「よくない」「悪い」「とても悪い」があります。よくないことをしている子どもに、注意する必要があるときは、「よくない」って言いましょう。

場面に応じて、「悪い」「とても悪い」を使ってもらってもいいです。

本当に「ダメ」なのか、そうでないのか？　そうやって使う言葉を選んでいると、感情的に「ダメ」と叱っていたのが、理性的に判断できるようになるんですよ。いい感じじゃないですか？

好奇心があって行動的なTくん、お母さんの口ぐせは「ダメ」です。

お母さんがため息をつきながらおっしゃいました。

「『ダメ』って言ったら『ダメ』なんだと分かっているんですけど、どうしても『ダメ』って言っちゃいます。直したいんですけど、どうしたらいいですか」

お母さんには宿題を出しました。一日の終わりに、「ダメ」と言ったことを具体的に書いて、「本当にダメ」なことには○をつける、という宿題です。

1週間後にTくんママ、嬉しそうにやってきました。Tくんが弟を叩いたりするときに、「ダメ」ではなくてこう言い換えたそうです。

「たたくのはよくないな。やさしくしてね」

そうしたら、Tくん、ちゃんとやさしくできたそうです。すごいね、Tくん。すごいね、Tくんママ。

たたいちゃ
ダメ!!
「ダメ」と禁止する
言葉を
変えてみよう
チョイ
チョイ
たたくのはよくないね。
やさしくしてね
うん。
わかった

4

「ありえない」→「ありうる」

これからの時代に求められるのは「想定外」を受け入れる心

同じく、可能性を否定する言葉「ありえない」です。よく聞きます。ちょっと強めの言葉ですよね。

何か自分の考えや価値観と違うとき、驚いた気持ちを表現したりするときに使います。

強調したい気持ちは分かりますが、多用するのは控えたほうがいいでしょう。

理由は、この言葉を使うと、**自分の考えや価値観以外のものを受け入れないマインドになってしまう**からです。

世の中には、自分の考えや経験、価値観以外のもの、それ以上のものが、ほんとうにたくさんあります。

それを「ありえない」と否定するのでなくて、「ありうる（かも）」といったん受け入れるマインドに変えていきましょう。


子どもたちの育つこれからの時代には、どんなことが起こってくるか予想もつきません。地球規模のコミュニケーションを取るのはもちろんですが、高い確率で宇宙時代に突入するでしょう。

「ありえない」を家庭の基準にしていくのか、それとも「ありうる」を基準にしていくのか、お母さんの言葉の選択で変えていくことができるんですよ。

5 「信じられない」→「枠が広がる」

イタズラや困った行動は、成長するチャンス！

「信じられない」も、最近よく聞く言葉です。

おそらく英語の「アンビリーバボー」の直訳として、定着してきた言葉だと思います。つまり、意味的には「びっくり」、驚きの表現として使われることが多いようです。いい意味でも悪い意味でも、「信じられないほど、驚きだ」「想定外だ」という表現になりますね。

しかし、もともとの日本語の意味では、「不信」のニュアンスを含みますから、相手に対して失礼な印象を生むこともあるでしょう。やはり、安直に使いすぎないほうが無難です。

あるお母さんの口ぐせが「信じられない」でした。

お子さんは3人で、一番上が女の子、下二人が男の子です。

上の女の子がとても聞き分けがよく、手がかからなかったこともあって、下の男の子たちがやることが、いちいち「信じられない」そうです。

特に真ん中の子、Tくんは自由なふるまいをするので、「信じられない」が連発です。ショッピングモールへ連れて行けば、すぐに迷子。学校からまっすぐ帰ってきたことはほとんどなく、帰りに知らない人からお菓子をもらってきたり、クラスメイトの女の子の髪をハサミで勝手に切って、学校から呼び出しが来たり。

お母さんは、地元の、いわゆる堅いところへお勤めで、自分自身が優等生で生きてきました。目的意識がはっきりしていて、意味のない行動はしません。だから、自分の子のふるまいがまったく理解できないんですね。

「信じられない」を繰り返しながら、Tくんのことを話すお母さんの話を聴きながら、こんなふうに質問しました。


——お母さん、Tくんにどんなおとなになってほしいですか？

「えっ、そりゃあ、ちゃんとしたおとなになってもらいたいです」

――そうなんですね、ちゃんとした、というのは具体的にどんなイメージですか？

「きちんと仕事して、人に迷惑をかけないで生きてほしいです」

――そうですよね。Ｔくんがそんなおとなになると、信じてますか？

――あ、という顔をして、しばらくして、お母さんは言いました。

「信じたいです」

――分かりました。それなら、「信じられない」という言葉をしばらく使わないでいてもらえますか？　そして、「信じられない」ことがあったら、「枠が広がった」と言い換えをしてみましょう。どんなふうに「枠が広がったか」を私とまた話しましょうね。

子どもは、おとなの想定外のことを考えたり行動したりするものですから、ついつい「信じられない」と思ってしまうこともあるでしょう。

特に、いたずらや思いもよらない悪い行動に対しては、腹立たしい思いとともに、「信じられない」と言ってしまうことでしょう。

ぜひ、「枠が広がった」のだと言い換えてみてください。

そうするだけで、怒りが収まってくるのを感じてくださいね。

子育てという経験は、「枠の広がる」経験です。自分の小さい枠の中に収まりきらない子どもたちを育てながら、それを経験します。必ずしも、気持ちのいい経験ではないかもしれません。

「こんな子、私の子ではない」と思うようなことをするわが子を、それでも認め、愛そうとするときに、枠は広がります。

きしみつつ、音を立てつつ、無理やり広がる痛みを感じつつ、お母さん自身も成長していきます。

人間として、こんなに枠の広がる経験をさせてもらえる、子育てって素晴らしいですね。

6

「ムダ」↓「やってみる価値がある」

子どもの「やってみよう」を切り捨てないで応援しよう

「今からやっても無駄ですよね」

とKくんのお母さんから聞かれました。

Kくんはもうすぐ小学6年生。中学受験のことです。

「Kが急に受けてみたいって言ってきて。お友だちはみんな4年生から頑張っているのに、もう遅すぎますすよね」

子どもが何かやりたいと言ってきたときに、「無駄」と切り捨てないでくださいね。おとなの立場からすると、それまでの経験や知識から、「やっても無駄」と感じることが多いかもしれません。

でも、子どもにとっては、初めてやることなんです。やる前から無駄って言われたら、どんな気持ちになるでしょう。できないことは最初からやらない、そう決めるかもしれません。

まずは、自分から「受けてみたい」って言ったことを承認しましょう。そして、どんな動機で受けたいと思ったかをしっかりと聴いてあげてくださいね。

1年で受験準備をするのは、確かに大変かもしれません。でも、「無理」とは限らないし、絶対に「無駄」ではありません。お母さんの捉え方次第です。

「やってみる価値はある」、そう思います。そう言ってあげてほしいです。

そして、本気で「やってみよう」と決めたときに、どうやってやるかのアイデアが出ます。

中学受験のプロに相談してみるという方法もあります。

Kくんのようなケースで合格した子どもたちもたくさんいます。その子たちの体験を聞くのも役に立つでしょう。

準備期間が短いからこそ、思いもよらない集中力が出せるかもしれません。
子どもの力は未知数ですから。

人生に無駄なものは、一つもないと言います。
できるかできないかにとらわれすぎずに、やってみたらいいと思います。
たくさんの経験を、子どもと一緒に積み重ねていきましょう。

7

「どうせ」➡「きっと」

グチで始まる人生と希望で始まる人生、どちらをわが子に選ぶ？

「どうせ」で始まる文章は、最後まで聞いても愚痴《ぐち》で終わる。
「どうせ」を多用する人は、付き合っていても、ろくなことはない。
「どうせ」で始まる人生を、子どもに押し付けるのは、やめましょう。

「きっと」で始まる文章は、最後まで聞かなくても希望が感じられる。
「きっと」を多用する人は、一緒にいるとなんか楽しい。
「きっと」で始まる人生を、子どもとともに生きていきたいね。

8

「絶対に〜だ」➡「〜するに越したことはない」

「絶対」をやめると、親も子もラクになる

「絶対に、学校には行くべきだ」
「絶対に、結婚するべきだ」
「絶対に、就職するべきだ」
「絶対に、仕事は続けるべきだ」

まだまだ、こんな「絶対」の信念を持って生きている人がたくさんいます。

いいとか、悪いとかいう問題ではありません。たとえば、お舅《しゅうと》さんやお姑《しゅうとめ》さんがこんな「絶対」の信念を持っている場合、それを超えて分かりあえるようになるのは、大変です。

「何が何でも、レベルの高い学校に行かせて、大学もいいところへ入れなくてはダメだ」

そんなふうにお舅さんに言われて、困っていると、あるお母さんが嘆かれていました。

実際には、いい学校を出たからといってそれだけで就職ができたりしませんし、定年まで勤めようと思っても、勤めた会社が、何らかの理由でなくなることもありますね。統計によると30年続く会社は、全体の1パーセントにも満たないのです。

その話をしても、頭が固くなったお舅さんには聞いてもらえません。

しかし、よく話を聴いてみると、若いお母さん方のなかにも、形は違えど、「絶対」の信念を持っている人が多いのに気づきます。

「絶対に、家事は女性がするべきだ」

「絶対に、育児は母親が責任を取るべきだ」

「絶対に、自分よりも家族を優先するべきだ」

そんなふうに、自分の中にある「絶対」の信念にがんじがらめになって生きていくと、生きづらい世の中になってきています。自分の信念が、人と違うとき、時代とずれるとき、自分自身の本音とズレてきはじめたとき。

自分の中で、「絶対」と思っていることも、「〜するに越したことはない」程度にゆるめることができれば、自分も人も楽に呼吸ができるようになります。親も子どももも楽になります。

「絶対〜だ」と思い込んでいることこそ、「〜するに越したことはない」に変換しましょう。

「家事は女性がするに越したことはない」（けれども、できないときは男性もやってね）

「育児は母親が責任を取るに越したことはない」（けれども、全部は取れないかもしれないから、よろしくね）

「自分よりも家族を優先するに越したことはない」（けれども、例外もある）

いい感じに変換できましたね。

9

「ない」➡「ある」

「不満」よりも「楽しみ」を見つける心が育つ魔法の口ぐせ

「ない」というのが、口ぐせになると、こんな感じです。


「お金がない」

「時間がない」

「余裕がない」


トップスリー、定番ですね。そのほかにも、

「モノがない」「才能がない」「機会がない」「人材がいない」

「経験がない」「知識がない」「体力がない」「学歴がない」

それは事実かもしれませんが、それが口ぐせになるほど言っているということは、「言い訳上手」になっているかもしれません。

何かができない、何かをしない「言い訳」に、「ない」という言葉はピッタリなのです。

そして、「ない」を繰り返すたびに、「ない」という現実が強化されていきます。

「お金がない」と言うたびに、「お金がない」という現実をつくり出しているとしたら、その口ぐせを変えてみるのもいいかもしれません。

さて、先ほど、「それは事実かもしれませんが」と書きましたが、本当に事実なのでしょうか。

お金が「ない」のは、事実かどうか、ということです。

この資本主義社会である日本において、まったくお金が「ない」家庭はないと思われます。

必ず、何らかの、いくらかの、お金が「ある」はずですね。

ではなぜ、「お金がない」と言ってしまうのでしょうか。

正確に言うと、何か必要なものを買うためのお金が「足りない」という状況を指して、「お金がない」と言っているのかもしれません。

もしくは、必要なものを買うためのお金はあるけれども、安心して暮らせるだけの充分なお金が「もっと欲しい」のかもしれません。

いずれにしても、お金は「ある」のです。「足りない」「もっと欲しい」かもしれませんが、「ない」わけではないことに注目しましょう。

もしお金に人格があるとすれば、そこに「ある」のに、いつもいつも「ない」と言われて、どんな気持ちになるでしょうか。

自分の存在価値を認められていないと感じるのが当然ですね。そんな家庭からは出ていきたくなるし、二度と戻ってきたくなくなる気持ちも分かります。

そうやって、「お金がない」が口ぐせの家庭にはいつまでたっても「お金がない」状況が続くのです。

今、お金の話をしましたが、同じことが夫や子どもたち、家族にも言えます。

夫が、子どもたちが、家族が、そこにいることに、気づいてあげていますか。

「ない」ことばかり表現するくせは、あって当たり前、いて当たり前、というマインドから来ています。

いてくれて嬉しい、いてくれてありがとう、そんなマインドに変えるなら、「ない」を変換しましょう。「ないとは限らない」、そして、本当は「ある」。

ないものを不満に思ったり、言い訳に使ったりするよりも、あるものを見出し、あるものに感謝する人生がいいですね。

10 「ムリ」→「できたらスゴイ」

やる気になるのは、「減点法」ではなく「加点法」

小さい頃は、何でも、「スゴイ」「カワイイ」「上手」って言われてほめられた子どもたち。いつの頃からか、ほめられなくなってきます。

何かできたときだけ、何か役に立ったときだけしか、ほめられなくなって、できないところを指摘されることのほうが多くなってきます。

何かやろうとする前に、「お前には無理」って言われると、やってみる気持ちにさえなれなかったりしますよね。

特に、ハードルの高いものに挑戦しようか、という場面で、「無理」って言われちゃうと、もともと自信もないわけだし。

「無理」という口ぐせをよく使うお母さんの特徴は、できる面を見るよりも、できないところに目が向くことです。

子どものテストが90点だったとしたら、マイナス10点に注目してしまう傾向があります。

「90点取れて、頑張ったね」でなくて、「残り10点、どこ間違えたの？」って突っ込みます。

マイナス10点を埋める力がないのに、100点取ろうなんて、「無理」というわけです。

それはそれで必要な力ではあるのですが、子どもの自己肯定感を育むためには、減点方式からくる「無理」という表現は適切ではありません。

自己肯定感は、加点方式（この場合は90点取れた）からくる「100点取れたらスゴイ」という表現から育まれます。

今現在（90点）を承認し、100点を取れる可能性があることを子どもに伝えることで、子どもの自己肯定感は上がります。そして、この方式が、健全に子どもを導いていく方法です。

「無理」って思っても、「できたらスゴイよね」と言ってあげてください。

持つー
やりたいー
まだムリよ
「ムリ」ってつい
言っちゃうのは
減点法で見て
いるからだよ
そっかー
じゃあ、
お願いしようかな
スゴイ!!
できたね～

せっかく子どもがやりたい、やる、って言ってるんですから、後押しをしてくださいね。

１００点取るための具体的な作戦（あと10点分の勉強）は、そのあとで立てたらいいんですよ。

第2章

失敗を恐れず、チャレンジする心を育てる言葉

知らないうちに子どもの自発的な行動を止めていませんか

子育ては、できても、できなくても、マル

私が主宰する「育自塾」に参加するお母さん方からは、いろいろな相談を受けます。

私が相談を受けるときに気をつけているのは、その相談の背景です。

こんなことがありました。Nちゃんのお母さん、育自塾に初めての参加です。

Nちゃんは、1歳7か月、かわいい女の子です。なかなかお母さんから離れることができない、お父さんがいても「ママがいい」と言って、お風呂から寝かしつけまでお母さんにべったりだそうです。

年齢的なこともあるから、もう少し成長したら自然に離れていくよ、と先輩ママさんたちが話します。

「Nちゃん、こんにちは。ママが一緒にいてくれて安心ね」

そうNちゃんに話しかけると、お母さんがポツリと言いました。

「私はNがうらやましいんです。私もNのように、育てられたかった」

お母さんの目からはポロッと涙がこぼれます。

そう、そうなんです。子育ての相談は、子どもの相談ではないことが多い。

子育てしているお母さんが、満たされていないんですね。Nちゃんのお母さんは、Nちゃんに優しい言葉をかけ、愛情いっぱいに育てているんです。でも、そのNちゃんのことを、嫉妬している気持ちもあるんですね。

このように、子育てしながら、お母さんの心のなかにいる、育ちきっていない小さい子ども（インナーチャイルドといいます）のケアもしていく必要があるんですね。

だから、育自塾では、合言葉は「罪悪感、不要」です。

いろいろ学んで、実践します。

できても、できなくても、マル。

できなかったとき、自分にバツをつけるくせのある人、多すぎです。

せっかく学んで、やろうとして、努力しているのに、バツつけるなんて、もったいない。子どもにも、自分にも、マルつけていきましょう。そうやって、自分のなかを、マルで満たしていくんですよ。

罪悪感、不要です。

11
「危ない」↓「おもしろい」

チャレンジ意欲を止めてしまうのは、もったいない！

さて、子どもというのは、いろいろなことを試してみます。チャレンジ意欲の塊です。高いところには登ってみるし、狭いところには入ってみる。さわってみたり、口に入れたり。本当に分別がつくまで、目が離せませんね。

でも、「危ない」というのは、本当に危ないときに使いましょう。

なぜ子どもは「危なそう」なことをしたがるのか？

それは、「おもしろそう」だから。

せっかく子どもが行動する意欲を持ったのですから、やらせてみましょう。

あぶない!!
やめて〜〜
せっかく興味を持ったのだから止めてしまうのはもったいないよ
ハッ
おもしろそうね。左手に気をつけてね
切れた!!

危なそうだから、という理由で止めてしまうのは、もったいない。

「おもしろそうね、でも、ここ（危ないと思うところ）は気をつけてね」

というふうに伝えてみましょう。

「危ない」の前に、「おもしろそう」と言うのがポイントです。

どうしたら危なくなく安全に遊べるのか、一緒に工夫してあげてください。

危ないからやらない、ではなくて、どうしたらできるかと考え、工夫できる子どもに育ってほしいですよね。

私たちおとなも、「危ないからやらない」人生ではなくて、「おもしろそう、どうしたらできるか」って、考えていける人生を選びたいですね。

12

「難しい」↓「カンタンだ」

問題をシンプルだと思えば、どうすればいいか考えるようになる

実は、私自身はめんどくさがり屋で、嫌なことは先延ばしにしたり、逃げたりするくせがありました。

高校生の頃、数学の問題を解くときに、「カンタン」と言って解くと解ける、と先生から聞いてその通りに実践したら、点数が上がったのです。それ以来、人生の問題にも応用しています。

脳科学的にいうと、「難しい」と思い、「難しい」と言うと、脳のシナプスのつながりは弱くなり、血流が悪くなり、解決策が浮かびにくくなり、嫌な感情が起こり、逃げたくなり、その結果として、行動ができにくくなります。

反対に、「難しい」と思っても、それを打ち消す「カンタン」という言葉を使うことで、脳のシナプスがつながり、血流が増加し、解決策が浮かんだり、やれそうな気がしたり、意欲がわいたり、その結果として、行動につながって解決に向かいやすくなります。「難しい」と思ったときでも、「カンタンだ」という言葉に置き換えることで、物事に取り組みやすくなるわけです。

でも、人間は正直なもの。「難しい」と思っているのに、「簡単だ」と表現するのは抵抗があります。なんだか嘘をついている感じがするんですね。

だから、ここはあえて、カタカナの「カンタン」で表現するわけです。「難しい」の反対語は「容易だ」「簡単だ」ですが、「容易」とは、たやすいこと。「簡単」とは、たやすいという意味もありますが、ここでは「シンプルだ」のほうの意味で使います。「カンタン」と表現し、問題をシンプル化すれば、解決方法が分かります。

私たちに起こってくるたいていの問題は、嫌だという感情を排し、真摯に向き合えば解決することができるものです。

ところが、「難しい」と思い、自分には解決できないと思ったり、解決を先延ばししたりすると、ますます問題がこじれて時間とともに解決が困難になったりします。あるある、ですよね。

しっかりと向き合う姿勢を持つこと、「難しいからやらない」ではなく、解決するにはどうするかという姿勢を持つことで、はじめに思ったよりもあっさりと解決することも多いし、一生懸命取り組んでいると協力者も現れます。

何よりも、問題から逃げずに取り組んでいる自分自身に誇りが持てます。子どもたちにも、そんなふうに生きてほしいですね。

「難しい」と思ったら、「カンタンだ」と表現するくせをつけましょう。

あなたの人生に、あなたが解けない問題はないのです。

もう一つ、本当に「難しい」問題の場合、容易でもなくシンプルでもない問題の場合は、「腕の見せどころだ」という表現もあります。ルパン三世だったら、「おもしろくなってきやがったぜ」という場面です。ためしに取り入れてみてくださいね。

13 「どうなるか分からない」↓「楽しみだ」

新しいことを始めるとき「不安」を感じやすい子へ

どうなるかが分からないとき、人間は、不安な気持ちになります。

たとえば、初めての場所へ行くとき。たとえば、あまり親しくない人ばかりの集まりに参加するとき。たとえば、資格試験を受けて、その結果を待つとき。

この「不安」って何でしょうか。

初めての場所にうまく到着できるだろうか？　それとも、迷って時間通りに着けず、みんなに迷惑をかけてしまうかも。恥をかいたらどうしよう。

あまり親しくない人のなかでうまく振る舞えるだろうか？　一人だけ浮いてしまったらどうしよう。途中で切り上げるうまい言い訳はないかな。

テストで合格点を取れているだろうか？　もっと勉強しておくんだった。あのときに遊んでしまったから。みんなが受かって私だけ落ちたらどうしよう。

そう、そんなふうな想像力が「不安」のもとになるんですね。

失敗をしないように、未来を予測したり、過去を反省したりするための想像力なんですが、「不安」を感じやすいタイプの人は、この想像力がネガティブ方向へ暴走しやすいのです。

「どうなるか分からない」ときは、「楽しみだ」と言い換えてみてください。

そして、想像力は、いい方向の想像にも働かせることができると知ってください。

行ったことのあるところにしか行かない、親しい人としか話さない、資格を取ったりしない。そうしたら、「不安」を感じることが減るでしょう（不安を感じやすいタイプの人は、それでも不安に感じますが）。

でも、子どもたちには、チャレンジしてほしい。そうですよね。

お子さんが不安そうにしていたら、「楽しみね」と言ってあげてください。
もちろん、乗換案内で事前に調べられることは調べるし、誰とでもいい感じで話せる話題をいくつか用意しておくし、勉強もできるだけやっておく。できるだけのことはしたうえで、ですが、あとは「どうなるか、分からない」わけです。だから、楽しみにしたら、いいですね。

未来はどうなるのか、誰にも分かりません。
その未来が来るまで、ずっと「不安」で過ごすのか、「楽しみにして」待つのか。
私たちは、選ぶことができるんですよ。

14

「やってもしかたない」↓「やってみないと分からない」

役に立たないことでも、子どもの「やってみたい」を尊重しよう

「しょうもない」とか、
「また、そんなことやって」とか、
「なんの役にも立たない」とか。

お子さんがやりたいと言ったこと、やろうとしていること、やっていることを、どうか否定しないでくださいね。そんなつもりは、ないかもしれません。本当に「やってもしかたない」ことかもしれません。でも、否定はしないでほしいんです。

一日中、ゲーム。インターネットの動画サイト。マンガ。
「そんなこと」よりも、もっとほかにやることあるでしょ。

やることやってから、遊びなさいよ。

いや、分かります。WHOでも、ゲーム依存症を「ゲーム障害」という名前の病気（疾病）として認定されるくらいですから、心配はもっともです。

外遊びをしなくなって子どもの体力も落ちてきていると聞きます。

一日に何分まで、とか制限しておく必要もあるでしょう。

でも、自分が好きなことを「そんなこと」「やってもしかたない」「しょうもない」と否定されて、気分のよくなる人はいません。

おとなの考える「やる価値のあること」と子どもの考えは違うかもしれません。

相手を尊重するから、相手にも尊重してもらえます。まずは、相手を否定せず、「やってみないと分からない」という姿勢で接するのがいいと思います。

1歳ぐらいから目覚まし時計やおもちゃの電池を外しまくり、分解できるようになると分解していた（しかも元へ戻せない）のはウチの長男、子ども部屋はプラモデルやよく分からない部品であふれていました。

また、
しょうもない
ことをして……
フン
フン
やってみるって
大事!! 経験を
積んでいるよ
なるほど
見守って
いこう
20年後…
息子は立派な
システムエンジニアに
なりました

正直言って、その当時「やる価値がある」とは、私もまったく思っていませんでした。その後、高校生でパソコンを自作し、ゲームをしまくって、今はシステムエンジニアの仕事をしています。

それが仕事として実ったから素晴らしい、ではなくて、やりたいことを止めずに、否定せずに、見守れてよかったと思います。

ゲームに限らず、私たちは自分が価値があると感じないことは、「やってもしかたない」と判断しがちです。

ただ、実際には本人が「やってみないと分からない」のも事実です。

やってみる、経験してみる、という機会や意欲や価値を、子どもたちから奪わないようにしましょう。

私たちおとなの経験や知識だって、そんなに多くはないのです。その判断も、正しいとは限らないと、私自身も戒めにしています。

「やってみないと分からない」「やらせてみないと分からない」、これは不確実な時代を生きるのに必要なマインドだと思います。

15

「できる気がしない」→「できないはずない」

たとえ結果が出なくても、次に挑戦しようと思うかどうかの差

「できる気がしない」と思ってやっても、できることもある。

「できないはずない」と思ってやっても、できないこともある。

どちらの信念を持っていても、結果としては、できたり、できなかったりします。

結果が同じということは、どちらが気分よくやれるかということです。結果が同じだとしたら、プロセスがいいほうがよいわけです。

「できる気がしない」と思いながらやると、ずっと不安です。

「できないはずない」と思ってやったほうが、気分よく取り組めますよね。

「できる気がしない」人は、うまくいったら「おかしいな、これは例外だ」とできた

結果を認めませんし、うまくいかなかったら「ほら、やっぱり。予想通りだ」と判断します。

一方で、「できないはずない」と思う人は、うまくいかなかったら、「おかしいな、これは例外だ」とできなかった結果にくよくよしませんし、うまくいったら、「ほら、やっぱり。予想通りだ」と判断します。

さらに、**「できないはずない」と思ってやる人は、「できる気がしない」人よりも、応援され、協力されます**。前向きなエネルギーが人を引きつけるんですね。

そして、「できないはずない」と思ってやる人は、**やるプロセスがいい状態ですから、結果が出なかったとしても、また次にチャレンジしようという意欲がわきやすい**のです。だから、単発での行動においては、「できる気がしない」人も「できないはずない」人も、同じ結果になりますが、続けていくうちには、「できないはずない」人が成功していくのです。

「できないはずない」と思う人の弱点は、「やればできる」と思いすぎて、全力を尽くさないことです。

「できないはずない」。だから、最善を尽くそう。そう思えたら最強ですね。

16

「今じゃなくていい」➡「今がチャンスだ」

その先延ばしぐせは、子どもの伸びるチャンスを逃してしまう

「今じゃなくていい」、ついついそう考えてしまいますよね。

このログせがある人は、もれなく先延ばしぐせがついています。そして、もれなく成功のチャンスを逃しています。

では、本当に、「今」しかチャンスはないのでしょうか。

そうではないのです。チャンスが、たとえば毎日3回来る、と思ってください。

でも、「今じゃなくていい」と思っている人は、そのすべてのチャンスを「今じゃない」と逃しているということです。

今チャンスを逃した人が、次のチャンスをつかめることはありません。チャンスは、

そんなに容易につかめるものではないのです。

「今がチャンスだ」と思って生きていても、チャンスがつかめることはそうそうありません。もしチャンスがそんなに簡単につかめるのなら、世界中大成功者だらけになっているはずです。

では、何が「チャンス」なのでしょうか。

それは、先延ばしぐせをやめる「チャンス」です。

決めたことを決めたとおりにやる「チャンス」です。

自分のことを信頼できる「チャンス」です。

他人から信頼される「チャンス」です。

「今じゃなくていい」と口から出そうになったら、チャンスです。

「今がチャンスだ」と言い換えるチャンス、先延ばしぐせをやめるチャンスです。

決めたことを決めたとおりに行動できる、誠実な人になることは、大成功者になるのと同じくらい価値のあることです。

17

「さぼる」→「休む」

「ちゃんと」しなくていい。前向きに休みましょう

「日曜日くらい、家事をさぼりたい」

って、思いますか。私はよく思ってました。


「さぼる」って言葉、よく使いますか?

「さぼる」とは、仕事や勉強など当然すべきことを、なまけることです。

なんとなく、後ろめたいような、悪いイメージを伴いますね。


なぜ悪いイメージがあるのか、考えてみましょう。

学生の頃は、「さぼる」人は不真面目、提出物を出さない、学校や先生に反発心がある、

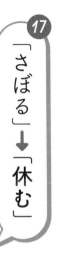

みたいなイメージでしょうか。

仕事で言えば、「さぼる」は、勤務態度が悪い、（特に理由もなく）遅刻・早退・欠勤をする、生産性が上がらない、というところでしょう。

「ちゃんと」「真面目に」やるのがよくて、そうでないのは、悪い。「皆勤」が望ましくて、そうでないのは、評価されない。

「さぼる」という言葉には、そういう「ちゃんと」の価値観からずれる罪悪感のようなものが感じられます。

家事や育児についてまで、その価値観で動かなくてもいいかなと、私は思います。「さぼる」ではなくて、堂々と「休む」って、言いませんか？

家事、さぼりたい（けど、さぼれない）。

さぼれない、けど、さぼりたい。

さぼっちゃった。

なんか、ぐずぐずしてませんか。

今日は、家事、休みます。

このほうが、スッキリ気持ちよく過ごせますよね。

もしも、子どもが学校に行かないって、言い出したら、「さぼる」ではなくて、「休む」って、言ってくださいね。

後ろ向きに、ぐずぐずするんでなくて、前向きに、体や心をいたわり、調《ととの》えるために、「休む」んだと、言ってあげてくださいね。

18 「下手」↓「上手になる途中」

こんなひと言で、子どもの「続ける力」は引き出せる

子どもにしろ、おとなにしろ、やり始めは、「下手」なものです。
それは、「上手になる途中」でもあるのです。
どの側面を捉えて表現するかで、人の意欲は変わります。

子どもたちには、お手伝いをさせましょう、とお母さん方にお伝えしています。お料理、お洗濯、掃除、お茶碗洗い、やらせてくださいね。

最初は、もちろん、下手ですね。でも、「下手」って言わないでくださいね。希望を込めて、「上手になる途中」と言ってください。

お皿洗いをする息子
ビチャ
ビチャ
あーあ
ヘタねー
そういうときは
「上手になる途中」と
言いかえるんだよ
へ？
1週間後
上手になったね
うん!!

その通りになりますから。お母さんの希望することを言葉にしてください。
「下手」なものを見て、「上手」と評するのは、真《まこと》がない。
「下手」なものを見て、「下手」と評するのは、芸がない。
「上手になる途中だ」と言われたら、上手になるまでやるよね。
やり続けていたら、最初の頃より「上手」になるよね。
そういうことですから。

19 「うまくいかない」→「いい勉強した」「進んだ」

「チャレンジした分だけ成長している」ことをほめる

何かにチャレンジしてみて、うまくいかないときってありますよね。それをどう捉えるのかが、努力を続けられるかのカギだと教えてもらったことがあります。

うまくいくときは、気分もいいし、モチベーションも上がっていますが、うまくいかないときは、その逆。気分も、モチベーションも上がりません。結果が出ていないときに努力を続けるのは、なかなかな精神力が必要です。

そんなときこそ、「いい勉強した」「進んだ」という言葉です。

結果が出ていないから、やったことが無駄になった、というわけではないということです。**「いい勉強した」「進んだ」と前向きに捉えることで、次につながる力がわいてきます。**

子どもは、あまり先のことが見えませんから、今現在の結果で一喜一憂することも多いでしょう。一生懸命努力したのに、結果が思うように出ず、悔しい思いをしているときに、お母さんは声をかけてあげてほしいです。

受験にチャレンジする子どもには、模試の成績に惑わされずに本番の入試まで気持ちを切らさず、集中できるように。

スポーツで頑張っている子どもには、ほかの子どもと比べるのではなく、どれだけ自分が伸びたのか、技術だけでなく、メンタル面でも成長していることを、どうか伝えてあげてほしいです。

そして、**結果がどうであれ、チャレンジした分だけ成長している、「進んでいる」ことを認めてあげてください**ね。

子育ては、結果の見えない仕事です。子どもはどんどん大きくなりますが、それを支えるお母さんだって、どんどん成長しているのです。

たとえ、思うように結果の出ないときであっても、「いい勉強した」「進んだ」と自己承認しながら、次の一歩を進めていきましょうね。

20 「焦る」→「急ぐ」

「早く!」とせかされても、スピードアップには逆効果!

毎朝、Yくんのお母さんの声が響きます。

「もう8時よ。Yくん、早くして!」

「顔は洗ったの? 早く着替えなきゃ、間に合わないじゃないの」

「もう、少しは焦ったら?」

「もう、本当に、焦っちゃうわ」

「焦る」がYくんママの口ぐせです。

その口ぐせを「急ぐ」に変えると、朝の風景が変わってきます。

「焦る」と「急ぐ」、似ていますが、まったく違う言葉です。

「焦る」は、感情を表現する言葉です。モーモー、アセアセ、ワタワタ、バタバタ。落ち着かず気持ちがはやる状態ですね。

「急ぐ」は、動作を速くする、という言葉です。同じ行動を速くする、スピードを上げる、ということです。

焦っても、スピードは上がりません。むしろ、気持ちが上ずり、目的から逸れて、失敗したり、時間がかかったりするかもしれません。


子どもの時間管理だとか、行動管理をしっかりとさせていこうと思ったら、「焦る」という言葉をやめて、「急ぐ」という言葉を使うようにしましょう。

「急ぐ」は時間を速くするわけですから、たとえば、朝の洗面と着替えを今まで10分かかっていたのを8分でする、ということです。感情ではなく、理性を使います。2分短縮するために、どうするかということを考えていきます。

前の日に、着替えを用意しておくとか、動線を考えるとかいうことですね。

そのときに、ではなくて、事前準備が大切です。行き当たりばったりではない行動

もう8時よ、早くして～
早く早くと焦るほどスピードはあがらないよ
3分でできるかな？
ヨーイドン!!
テキパキ
パンッ

をするということになります。

そうやって、理性や知性を使っていると、感情が落ち着いてきて、アセアセ、バタバタしなくて済むようになっていくんですよ。

子どもだけじゃなくて、おとなも練習がいるかもしれませんね。

第3章

頭のいい子に育つ言葉

「セルフイメージ」を高めれば、能力はぐんとアップ！

「セルフイメージ」と「能力」「努力」の驚きの関係

さて、第3章では、「頭のよくなる言葉」について、考えていきましょう。

正確には、「自分は頭がいいと思っている」、いわゆるよいセルフイメージが持てる言葉ということです。

セルフイメージと実際の能力とは、必ずしも一致しません。

「頭いい」「天才」と思っていても、努力が伴わなければ、実際の成績は上がらない、ということですね。

また、「私は頭が悪い」「私はバカだ」と思っている人が、「だから人よりも努力しなければ」と思って努力したら、成績は上がります。

セルフイメージがどうであれ、努力をすれば成績は上がるし、しなければ上がりません。ここは注意しておくべきポイントです。

あれ、じゃあ、セルフイメージなんて関係ないじゃないの、と思いましたか？

いえいえ、関係あるんですよ。

勉強に限りませんが、努力をするのは、子どもにとって楽なことではありません。努力し続けることは、なおさらです。

思い出してください。学生の頃、試験勉強といえば、「一夜漬け」「直前に丸暗記」ではありませんでしたか？

ツラい、苦しいイメージが残っている人も多いと思います。

それでも、昭和世代の人は、「つらくても頑張る」「今だけガマンすればいい」「そうしなければならない」というど根性で乗り越えてきました。この「頑張る」「ガマン」「義務」を3Gと呼びます。

平成世代の人にはこの3Gが通用しません。それは、いいとか悪いとかいう問題ではなくて、育ってきた時代的な背景が違うからです。

戦後復興からの高度成長期を切り抜けてきた昭和世代は、頑張ったりガマンしたり、義務感だったりするもので自分を力づけてきたわけです。命の危険があったところからのバブル。昭和世代の人の人生はいわば「山登り」です。

ところが、平成は、というと、日本においては平和が続き、バブル崩壊からは成長率も横ばい、所得もほとんど増えていません。生まれたときから安全で豊かな世界、それを維持するだけです。平成の人にとって、人生は草原を歩く「ピクニック」なのです。

職場で昭和の頑張り世代の人が指導すると、平成の若者はすぐに辞めてしまうそうです。前書きにも書きましたが、「もっと頑張れ」って言うと、「これ以上頑張れません」と言って辞めるらしいのです。

頑張り世代の人の「頑張る」は、山へ登るくらいの「頑張る」であり、次世代の人の「頑張る」は、ちょっとピクニックへ行くくらいの「頑張る」です。この感覚の差が、コミュニケーションエラーを呼び込んでいます。頑張り世代からは、まったく頑張っていないように見えますが、次世代にとっては、草原を歩くのだって頑張っているわけです。その「頑張り」を認めてくれないのかと、悔しく、また、がっかりして「心が折れる」わけですね。どちらにとっても残念な結果になってしまいます。

そんな次世代、山へ登るための筋肉はついていませんから、努力するために、今までとは違う方法を工夫しましょう。

ツラいけど頑張る、ではなく、楽しいから頑張る
未来のために今ガマンするのではなくて、今を楽しみながら頑張る
やらなくてはならないから頑張る、ではなく、やりたいから頑張る

その次世代が「頑張る」ために有効なのが、高い「セルフイメージ」なのです。

「私はバカだ」というセルフイメージの人が、勉強ができるようになるために努力するのは、そのセルフイメージと逆行します。

努力して勉強ができるようになると、「私はバカだ」というセルフイメージからずれますね。ブレーキをかけながらアクセルを踏んでいる感じです。エネルギーロスですし、変なガスが出て、臭いです。感覚的には、ラクではなく、楽しくもありません。「私は頭がいい」「天才だ」というセルフイメージの人は、努力の方向とセルフイメージが同じ方向なので、比較的取り組みやすいし、感覚も楽しいと感じることが多いわけです。


いかがですか？

この本を読んでくださっているあなたは、昭和世代のやり方が性に合っているかもしれません。それはそれで変えなくて構わないのです。ただ、平成以降に生まれた人たちには、そのやり方では効率が悪くなってしまうということです。

では、具体的に見ていきましょう。

21 「バカ」↓「天才」「賢い」

「バカの呪い」を解きましょう

私が大学受験生の指導をしていた頃、重要な仕事の一つが、「バカの呪い」を解く、ということでした。

大学を受験しようという年齢までに、子どもたちの多くが「バカの呪い」にかかってしまっています。

すなわち、「自分はバカだ」という信念、強烈なセルフイメージを持ってしまっているのです。

自分はバカだ（セルフイメージ）

←

やってもできない（能力）

←どうせできないからやらない（行動）

←成績が悪い、試験に落ちる（現実）

←人にバカにされる、バカだと思われる（評価）

←自分はバカだ（セルフイメージの強化・固定）

この負のループにはまっていることを、「バカの呪い」にかかるといいます。

では、この「自分はバカだ」というセルフイメージ、いつ、どうやって身につけたのでしょうか。

一番多いのは、子どもたちの生活の中に「勉強」というワードが入ってくる小学校入学前後です。しかし、それ以前に、家庭の中で「バカ」という言葉が使われているかどうかが、鍵になります。

「えっ、子どもに『バカ』なんて、言いませんよ」

そんなお母さんも多いでしょう。

でも、自分に向かってはどうですか？　自分のこと「バカだなあ」って、思いませんか？　自分には「バカ」って使ってませんか？

夫にはどうですか？　身内には使いませんか？

テレビに出てくる芸能人や政治家に向かって、「バカね」って何気なく言ってませんか？

そう、この「バカの呪い」は、主語を特定しないのです。

大好きなお母さんが使っている「バカ」の言葉は、子どもたちの耳に入っているし、心に蓄積されているんですよ。その蓄積が、「勉強」と結びついたときに、「自分はバカだ」というセルフイメージにつながります。

「バカの呪い」は強烈なので、言い換えも強烈に行う必要があります。もはやお子さんに「バカの呪い」がかかっていると思うご家庭では、「バカ」を打ち消すくらいの言葉、「天才」に変えていきましょう。

ご飯作っても、お掃除しても、「天才」と表現してください。口紅上手に引けたら「天才」。バーゲンでお値打ち品を手に入れても「天才」。

そう、まずはお母さんが、自分自身を「天才」って言いましょう。

「天才」の大安売りで構いません。お子さんにも、ご主人にも、テレビに向かっても、猫ちゃんにも。

慣れるまで言うほうも言われるほうも変な感じですが、嫌な気分ではないはずです。

そして、100日、約3か月で定着します。

まだお子さんが小さいご家庭は、「おりこうさん」「賢い」「頭いい」でも大丈夫です。「バカ」って使いそうになったら、言い換えしていきましょう。

どうかどうか、「バカの呪い」から子どもを救ってあげてくださいね。

22 「考えられない」↓「考えられないなんてことはない」

子どもの「考える力」をつける質問の仕方があった！

「考えられない」って言葉、よく使いますか？　アンビリーバボーという意味での「考えられない」ではなくて、能力的な意味での「考えられない」です。

つまり、「考える能力がない」「考える力がない」という意味です。思考することをあきらめることです。

これからの時代に必要な力は、暗記中心の記憶力ではありません。知識が必要ないなんて、言ってませんよ。覚えている知識の量ではなくて、それを基にして「考える力」「思考力」が大事だということですね。

でも、その「考える力」、どうやって身につけるんでしょうか。教えてもらったこと、ありますか？

私が若いお母さん方と話をしていて気づくことは、自分の考えを表現することが少ないないということです。

「どうして、そうしようと考えたのですか？」という質問に対して、明確に答えられません。「なんとなく」とか、「そうしたほうがいいと思って」とか、あいまいな言葉で返ってくることが多いです。

きっと、そういう質問をされたことも、あまりないんだろうと思います。そういうお母さんは、子どもにも、そういう質問をすることはないかもしれません。

どっちにするの？　とか
どうするの？　とか
行くの？　行かないの？　とか

そんなふうな**すぐに答えを求めるような質問**ばかりじゃないでしょうか。子どもの

どうする？
行くの？
行かないの？
え〜〜…
子どもの
考えを
聞く質問が
考える力を
伸ばすよ
ちょっとそこの
お母さん！！
へ？
どうして
そう思うの？
どんな
きっかけが
あったの？
えーっと
ね〜

「考え」を聞くような質問が、少なすぎるかもしれません。**子どもの「考え」を聞くだけのゆとりが、ないのかもしれません。**

考えられない、って思うとき、「自分には考える力がない」って思うとき、「そんなはずない」って、打ち消してくださいね。

「考えられないなんてことは、ない」んですよ。考えを引き出すための適切な質問と、考えるための適切な時間と、それを聞いてくれる相手がいれば、「考えられないなんてことは、ない」のです。

考えるということは、大きくなったらできるとか、ひとりでにできるようになるものではないのです。鉄棒と一緒です。練習しないとできません。でも、練習すれば、できるようになるのです。

最近は、ブログやフェイスブックで自分の考えや思いを発信していこうとする人が増えてきました。自分の考えを表現しようとするから、「考える」ことができるんですね。表現する場があるというのはいいことですね。

聞かれたから、考えるんです。答えようとするから、考えるんです。
考えられないなんてことは、ないんです。ただ、聞かれてないだけです。

どうして、そう思うの？
どんなきっかけがあったの？
それができたら、どんな気持ちになるかな？

考えを深めるための、質問をしましょう。聞かれて嬉しくなるような、質問をしましょう。
そして、自分にも、子どもにも、考えを聞けるだけのゆとりを持てたらいいですね。

23

「分からない」↓「分かりすぎる」

「分からない」の口ぐせで、考えない脳が育つ!?

「分からない」という口ぐせも、本当に恐ろしいです。「分からない」と言うと、本当に分からなくなります。「分からない」前提で、脳が動くからです。

脳とは偉大なコンピューターで、あなたが必要とするどんな質問にも答えられるとしましょう。しかし、あなたが「分からない」というフィルターをかけると、その質問は、「分かる」分野には検索をかけないというわけです。答えのありそうなところは素通りして、答えのないところばかりを探すのでは、答えが出るはずもありません。

それればかりではありません。脳は「分からない」理由もしっかりと検索してくれます。たとえば、過去にできなかったときの記憶を掘り起こしてくれます。分からなくて、先生に怒られたときの情けない感情や、そのときのクラスメイトの笑い声も再生してくれたりします。そうして、あなたのなかで、ますます「分からない」ことが正当化されていきます。

「分からない」という言葉は、そういう働きをするのです。

恐ろしいですね。気軽に使わないほうが、よさそうですね。これも、「バカの呪い」と同じく、強烈な言葉なので、ちょっとキツめに打ち消しておきましょう。

「分かりすぎる」ぐらいでちょうどいいです。逆洗脳するんですね。

あなたが分かる必要のあることは、あなたは、絶対に分かります。分かりすぎます。分からないことがあるとするならば、それは、あなたが分かる必要のないことだということです。

たとえば、世界の果てで難民が苦しんでいる。その難民の気持ちや、その苦しみを取り除く方法。それは、分からなくてもいいことかもしれません。

あなたが分かる必要があるのは、目の前の子どもや家族が、どうしたら笑顔になるか。自分はどういうときに嬉しくて、どういうことが好きなのか。そういうことですよね。そこをすっ飛ばして、世界の難民のこととか、分かろうとしなくても、いいです。そして、すぐに答えが出なくても、いいんです。自分の目の前のことをしっかりと分かろうとすること、人任せにするんじゃなくて、自分事として、分かろうとすることが、大切なことだと思います。

そういう人生の問題に取り組むために、子どもたちは学校で勉強しているんです。目の前の算数の計算、国語のドリル、一つ一つを自分の頭で、自分の手で解いていく。分かろうとして、先生の話を聞く。その姿勢を身につけているんですよ。

具体的に見ていきましょうか。

まだ習ったことのないことを勉強するとき、子どもたちは「分からない」状態です。学校では、先生が授業のなかで解き方を教えてくれますね。すぐに分かるときもあれば、何度も繰り返していくうちに、頭の中に「カチッ」とはまる感じで分かるときもあります。**「分からない」ことを恐れず、間違えることを恥ずかしがらず、やっているうちに、「分からないことが分かるようになる」**経験を積**む**んですね。**「分からないことが分かるようになる」プロセスを、どうか応援してあげてくださいね。**

24

「頭悪い」↓「進化中」

難しいことに取り組んでいるからこそ、そう感じるんです

とはいえ、「頭悪い」って、感じることもあるでしょう。

どんなときに、「頭悪いな」って感じるかというと、今の自分よりレベルが上のことに挑戦しようとしているときです。

今までできていること、できていたことをやるとき、考えるときは、「頭悪い」なんて感じないはずです。

今までと違うこと、初めてやること、レベルの高いこと、それに取り組もうとしているからこそ、今までと同じように楽々とできない自分のことを、「頭悪い」って、感じるんですよね。

子どもたちは、いつも新しいことに挑戦しています。足し算ができたら引き算に。日本語だけじゃなくて、英語も。いつも新しいことを学ぼうとしています。それは、「頭悪い」って感じ続ける経験です。私はその感覚は、決して悪くないと思います。

でも、「頭悪い」という言葉は否定的なイメージが強いですね。

「頭悪い」って感じたら、「進化中」なのだと言い換えてください。新しい自分に進化したら、次のステージに行けるわけです。その途中です。

常に「進化中」でいたいですね。学校時代だけでなく、ずっと。死ぬまでね。

25

「説明できない」→「熟成中」

今、説明できなくても、子どもの話を聞くのをあきらめないで

子どもは、心で感じている感情や、体で感じている感覚を、言葉で表現しようとしても、「説明できない」ことがあります。

自分自身では、はっきりと感じていることなのに、胸の中にあるのに、他人に伝えようとすると、上手に伝わらないことって、おとなにもあることです。

また、何か新しい概念や、分野を学んでいるとき、「説明できない」という状況に置かれることがあります。

今まで使っていた語彙や文脈とは違う新しいことを、今までの言葉で説明するのは、困難です。学びが進んでいけば、新しい語彙《ごい》が習得でき、このように表現するのだと

いうことが経験として身についていくので、少しずつ説明できるようになるのですが、その間は、「説明できない」のです。

子どもたちにとって、この「説明できない」のが、当たり前の状態です。その感覚は、もどかしい、情けない、悲しい、もやもやする、そんな感覚だと思ってください。

でも、少しずつですが、語彙も増え、経験も増えて、説明できるようになります。

だから、焦らないで、焦らせないで、ください。

「説明できない」のじゃなくて、「熟成中」です。

感覚や、感情や、考えや、新しい学びや、経験や、そういったものが、温まって、いい感じに「熟成中」だと思ってくださいね。

今、説明できなくても、あきらめないでください。

子どもの話を聞くのを、あきらめないでください。

自分の心の声を聞くのを、あきらめないでください。

いつか、説明できるようになります。

それまで、「熟成中」です。聞く側の姿勢も、熟成してくださいね。

26

「悩む」→「考える」

「悩む」と言うのをやめるだけで、子育ての悩みは減っていく

「悩む」という言葉、よく使いますか？

もともと、「悩む」というのは、「病気になる」という意味で使われていた言葉です。

あまり使いすぎないようにしてほしい言葉なんですよ。


どんなときに「悩む」という言葉を使っているでしょうか。

けっこう、重大な問題に関して、「悩む」と使っていませんか？

子どもの進路についてとか、子どもの進学費用についてとか、「悩むわ〜」って使ってないですか？

それは、間違っています。

えっ、重大な問題だから、悩んでいるのに？　と思いますか？

重大な問題だから、悩まなくてはならない、と誰に習いましたか？

「親だから、子どものことを心配しなくてはならない」

「親だから、子どものことで悩まなくてはならない」

それが、親の務め、親の愛情だ、と勘違いしていませんか？

国語的に言うと、重大な問題に関しては、「考える」を使うのが、適切です。

「悩む」というのは、結論が出なくて、ぐるぐるした精神状態になることを指しますね。

だから、他愛もないことであれば、「悩む」という言葉を使ってもいいのです。

ファミレスで、どのメニューにするか、は悩んでいいのです。どれにしても、たいして変わりはありませんから。

解決しなくてもいいこと、ぐるぐるした思いを巡らすのを楽しめることは、「悩むわ～」と言ってください。

でも、重大な問題は、悩んではいけません。重大な局面では、「考え」てくださいね。

つまり、結論を出しても出さなくてもいいことに関しては、「悩む」を使い、結論を自分で出す、判断を自分で下すときには、「考える」を使うのがいいのです。

「悩む」という言葉をたくさん使うと、悩みが増えます。

悩み多き人生になります。

人生に悩みがまったくない、なんてことはありませんが、わざわざ悩みを増やすようなことはやめましょう。

私たちには、考える力があります。ぐるぐる悩むのではなく、解決を。もやもやを続けるのではなく、判断を。

「悩む」という言葉を、「考える」と言い換えてみてくださいね。あなたの知性が、理性が動き始めます。

27 「勉強は嫌なもの」→「勉強は気持ちいいもの」

知らないうちに子どもを「勉強嫌い」にしていませんか？

育自塾に来るお母さん方は、本当に熱心に学んでいます。

みっちりメモを取る方もいれば、「あとで復習したいから、録音していいですか」と聞いてくる方もいます。家事をしながら繰り返して聞きたいそうです。インプットだけでは学びが定着しないので、積極的なアウトプットや、生活での実践をお勧めしていますが、その質も高いのです。

お互いに学びや実践をシェアする様子を見ながら、

「勉強って、楽しいですよね？」

そう聞くと、学生時代は楽しくなかったと、口をそろえて言われます。

勉強しなくてはいけないから、頑張った。ガマンした。まさしく、「頑張り」「ガマン」「義務」の3Gだったんですね。

少し歴史を振り返ってみましょう。

江戸時代、日本では、読み書きそろばんといった、いわば実用的な勉強の機会は、庶民にも広く開かれていました。江戸時代の日本人の識字率（字の読み書きができる率）は、世界でもトップクラスだったんですよ。

しかし、いわゆる高等教育の勉強についてはどうでしょうか。

それは、身分制社会においては、恵まれた人（支配者階級）だけに許された特権でした。明治になってからも、高等教育は、貧しい家庭の子どもが社会的に出世するため、貧しさから抜け出すために、また、知識を増やしたいと自ら望んでやりたいことでした。

それでも多くの子どもたちが勉強をするのをあきらめ、働きに出ていた時代がありました。勉強させていただけるのがありがたいこと（めったにない、感謝すべきこと）だったわけです。第二次世界大戦までは、そんな意識が残っていました。

もちろん、その頃も、勉強嫌いな子どもたちはいましたが、勉強嫌いな子どもに高等教育を受けさせる余裕はなかったのです。

高度成長期になった日本では、いつのまにか「勉強は親や先生にやらされる嫌なもの」扱いに変わっていきました。「嫌だけど、勉強して高校ぐらいは行っておかなくては」「大学ぐらいは行っておかなくては」、そういう風潮から、勉強が好きでもない、勉強したくもない子どもたちが、「勉強させられる」ようになってきた、というのが、大まかな流れです。

そして、平成から令和に変わった現代ですが、高校や大学といった学歴が、それまでと同じような価値を持っていないというのは、みな知っています。東京大学を出ても、それだけでは、就職できない時代なのです。

それなのに、同じように、「勉強は嫌だけど、しないと後で困る」の姿勢のまま、子どもに勉強をさせているのは、おかしなことです。大学など、出ていなくても、別に困りません。社会に出てからだって、いくらでも学びの機会はあるのです。

私は、学校での勉強が必要ない、などと言うつもりはまったくありません。

学校での勉強というのは、ありがたいものです。たくさんの知識はもちろんですが、歴史や地理や、理科や数学、それぞれの学問特有の考え方、捉え方、論理性も、国語や英語から学ぶ、言葉の分析や、表現方法も、一人でいちから学ぶとなると、途方もない努力が必要でしょう。

教科書というものがあり、それらがある程度まとめられ、学びやすいように段階づけられていて、教えるプロが工夫して教えてくれるわけです。しかも、小・中学校は無料、高等学校だって就学支援金が出ます。

ああ、なんてありがたい。

そう思いませんか。

だから、お母さん方には、自分が身につけた「勉強は嫌なもの」という固定観念を外してほしいのです。

勉強は、ありがたいものです。学ぶことは、気持ちいいのです。

知らないことを知ることができる。理解できなかったことが理解できるようになる。表現できなかったことが、表現できるようになる。

こんな気持ちいいことを、子どもたちから取り上げないでくださいね。
勉強は気持ちいいのです。

ほら、育自塾のお母さん方、こんなに楽しそうに学んでるじゃありませんか。楽しいんでしょ？

自ら進んで取り組むとき、勉強は、気持ちのいいものになります。やりたくないのに、やらされるとき、勉強は嫌なものになります。

「勉強させなくちゃ」とか、「勉強してないと、後で困る」とか、そんな固定観念を外し、「勉強させてもらえて幸せね」「勉強できて、いいわね」と言い換えましょう。

それが真実ですから。

28 「(頭が)ぐちゃぐちゃになった」↓「いい感じに整理中」

頭の整理がひとりでに進む「そう言えばそうなる」の法則

「頭がぐちゃぐちゃ」とか「頭が白くなった」とか、平気で使わないでくださいね。「そう言えばそうなる」の法則が働いて、気持ちが焦ると「頭がぐちゃぐちゃ」「頭真っ白」になるのが習慣化してしまいます。

脳の中がはっきりと言語化できない状態は、「いい感じ」です。「いい感じに整理中」と言ってあげてください。

「そう言えばそうなる」の法則が働いて、整理できてきます。脳は、大変有能な器官なのですが、持ち主がどんな言葉を使うかによって、その有能さには差が出ます。

どうなったらいいのか、をまず決めて、その通りに言えば、そうなるのです。

頭がぐちゃぐちゃするのが望みなら、「ぐちゃぐちゃ」と言ったらいいし、何かあるたびに頭真っ白になるのが望みなら、「頭真っ白」と言ったらいいです。

でも、そうではありませんよね。この混乱や混沌を秩序立ったものにしていきたいんですよね。

それならば、「いい感じ」「整理中」「並べ替えてる途中」って、表現するのが、適切ですね。

頭いい人になりたいですよね。それならば、「頭いい」って言いましょう。あなたの頭は、あなたの期待に応えようとしてくれます。

お子さんにも、頭いい子になってほしくないですか？　できないことを指摘されても、頭いい子にはなりません。傷つくだけですね。頭悪いから、努力するのではなくて、楽しいから努力するほうが、生産的ですね。

頭いいって言うと、傲慢になるんじゃないかって心配ですか？　自己肯定感を上げる、セルフイメージを上げる、と聞くと、「傲慢にならないか心配です」と言われることがあります。

傲慢になったり、人を貶《おと》めたりするのは、実は本当の意味での自己肯定感が育っていないのです。

本当の意味で自己肯定感が育つと、できているところもできていないところも、冷静に見ることができます。できている、できていないという結果と、自分の価値を分けてみることができるからです。

傲慢になる、傲慢な態度を取る、というのは、自分の価値を成績の良しあしと紐づけて捉えているから起こるのです。自分の価値を、成績の良しあしとして捉えているということは、「自分はいるだけで価値がある」とは思えていないということですね。だから、他の人と比べないと安心できない、ついマウンティングしてしまうというのは、まだまだ自己肯定感が低いのです。

もっと自己肯定感が高ければ、人と自分を比べたり、成績がいいときと悪いときで自分の評価を上げ下げしたりしなくなります。

そうして心穏やかに自分のできていないところを見つめ、それを改善しようと努力できるのです。自己肯定感、セルフイメージを高く持ち、楽々と努力する。これが令和の時代の「勉強」のやり方です。

第4章

友だち・人間関係がうまくいく言葉

人を信頼し、人から信頼される

子どもの「協調性」は親の口ぐせが関係していた

ここまで、子どもの自己肯定感を高め、行動意欲を上げて、楽しみながら努力するために、どういう言葉が効果的か、見てきましたね。

第4章では、他人とのつながり、社会の中で人とうまくやっていく力、信頼し信頼される言葉の使い方について、考えていきましょう。

自分が幸せで成功していても、社会のなかで人とつながることができないと、大きな幸せや成功には結びつきにくいものです。みんなと一緒に成功する、人とうまくやっていくための基本的な力をつけてあげたいですね。

他人を信じたり信頼されたり、社会のなかでの協調性もまた、家庭での口ぐせに影響されています。お母さんが何気なく使っている言葉によって、どんな信念が刷り込まれていくのか、どう言い換えたらいいのかを具体的に見ていきましょう。

29 「怒られる」「笑われる」↓「応援してくれる」「気にしてくれる」

他人の目が気になる心は、こうして育つ

子どもの行動を注意したり、叱ったりするときに、よく使われていますね。

「そんなことすると、おじちゃんに怒られるよ」

「ぐずぐずしてたら、恥ずかしいよ。よその人に笑われるよ」

小さい頃から、こんなふうに、他人の目を気にするような表現をするのは、島国という小さな集団で暮らす日本独特の文化かもしれません。

誰かに怒られるから、笑われるから、という理由で、子どもの行動を叱るのはやめたほうがいいです。

その行動が悪いから止められた、不適切だから叱られた、ということが伝わりません。

怒られるから、しない。笑われるからやめる。ということは、怒られたり笑われたりしなかったらやってもいい、という勘違いのもとです。

誰かが見ているとか見ていないとかと関係のない、善悪の判断基準を子どもが持てるように叱るのが大切です。

しかし、この「怒られる」「笑われる」という表現には、それとは別の重大な問題があります。小さい子どもにとって、「おじちゃん」や「よその人」が、どんな存在として認識されるか、想像してみてください。

「自分を怒ったり、笑ったりする存在だ。安心できない存在だ。敵だ。怖い存在だ」

そんなふうに認識するはずですね。何も知らない、判断力も経験もない小さい子どもだからこそ、まだ実際には接触したこともない、「よその人」をそんなふうに位置づけてしまう危険性があるのです。

気をつけたいものです。

「よその人」には気を許せない、「よその人」の目を気にして生きる、おとなになってもそういう生き方をしている人もいます。

「世界」に対して、どんな態度で生きるのか、私たちは選択できます。「世界」を敵視し、警戒しながら生きていくこともできるし、「世界」を信頼し、同じ時代を生きる仲間として生きることもできます。

自分はどう生きるのか、子どもたちには、どう生きてほしいのか、選べます。

世間からどう評価されるかを気にして、自分のやりたいことをガマンしたりしてほしくはないですよね。これからの子どもたちは、広い世界に自由にのびのびと羽ばたいていってほしいと、思います。

「怒られる」とか「笑われる」のような被害者意識満載の言葉でなくて、「応援してくれているよ」「見ていてくれてるね」「気にかけてくれたね」という善意と感謝の気持ちで人とつながる言葉を選択しましょう。

世界が善意と感謝の言葉であふれている未来を、選択しましょう。

30

「ひどい目にあう」→「助けてくれる」

子どもに教えたい、グチや不満の上手な伝え方

愚痴や不平不満はよくない、と知っている人は多いでしょう。でも、どうしても、言いたくなるときは、どうしたらいいのでしょうか。

誰かにひどい目にあわされた。サークル内で根も葉もないことを言いふらされた。子どものクラスが学級崩壊になっている。自分の会社ではサービス残業が当たり前だ。

愚痴や不平不満の一つも言いたくなりますよね。でも、やたらに話を広げないほうが、やはりいいのです。

ツラい気持ちや、大変な状況だということを誰か信頼できる人に話して知っておいてもらうのは、いいことです。それから、当事者同士や弁護士などの専門家と問題解決のための会話をするのが必要なこともあるでしょう。

よくないのは、あまり関係のない人に、「私はひどい目にあった」と繰り返し話すことです。

SNSなどで不特定多数に拡散することも含みます。話を聞いた人は、あなたの話すサークルの人、もしくは学校の先生、あるいは会社の経営者が、いかにヒドイかを聞かされて、同情したり、怒りを感じたりするでしょう。会ったこともないのに、よく知りもしないのに、その相手を憎んだり、サークルや学校や職場を非難したりするでしょう。それであなたの気持ちは少しは晴れるかもしれませんが、問題は解決しません。

あなたの憎しみや大変さやつらさが、拡大し、伝染し、それは、いつまでも世界を波のように揺らします。憎しみ、大変さ、つらさの波です。あなたが作ってしまった波が、いつまでも世界を揺らして、あなたの周りに押し寄せてきます。

こんなことを聞きました。

学校の先生が適切な対応を取らず、お子さんが「ひどい目にあった」という経験をお持ちのお母さんからです。

お母さんは、悪気もなくいろいろな人にそれを相談していました。いろいろな人が、子どもさんが「ひどい目にあった」ことを知ってしまいました。

ある人が子どもさんに、「ひどい目にあったんだってね」と言ってしまい、それが子どもさんをひどく傷つけたそうです。自分の知らない人が、自分のことを「ひどい目にあった子」と思っている。それが、「ひどい目にあったこと」自体よりも、子どもの心に刺さったのです。

それ以来、子どもから信頼してもらえない、とお母さんは嘆かれていました。

子どもさんの中に「人は自分をひどい目に合わせる存在」として刷り込まれ、お母さんもその「人」の一人になっていると思われます。

「禍福は糾《あざな》える縄の如し」ということわざがあります。人生には、いいことも悪いことも起こります。悪いことが起こるからこそ、助けてくれる人も現れ、苦境にいるからこそ、人の情けが身に染みてありがたく感じられるものです。

「ひどい目にあった」と表現するのか、「助けてもらった」と表現するのかで、同じ出来事でも、まったく違う捉え方になりますね。

「ひどい目にあった」と繰り返し言っても、その事実はなくなりませんし、つらい気持ちも慰められません。

「ひどい目にあった」と言えば言うほど、記憶のなかには、「ひどい目にあった」ことが刻まれ、被害者意識が立ち上がります。相手があることなら、相手を憎んだり、恨んだりすることになります。

仕返ししてやろうとか、訴えてやろうとか、頭の中も、心の中も、憎しみや恨みでいっぱいになるのです。

相手がないことであれば、今度は運命を憎んだり、神様を恨んだりするわけです。でも、まったく生産的ではありません。

「ひどい目にあった」のと同じくらい、いいことも起こっているはずです。それには注意を向けず、感謝もせず、何年も何年も、過去にとらわれて生きているのは、幸福なことではありませんね。

悪い出来事はさらっと流して、いいことを心にとめて積極的に口にしましょう。

私たちには、「忘却する」という力があります。それは、私たちの心を、過去の恨みや憎しみから護《まも》り、今を健全に幸せに生きることができるために、神様が与えてくれた力です。

「ひどい目にあう」よりも、苦難のなかで差し伸べられた手を、かけられた声を思い出して、「助けてくれた」「助けてもらった」「助かった」という言葉を使いましょう。

ふだんから「助けてくれたね」「助けてもらったね」という言葉で子どもと会話しませんか。

子育て広場で、お友だちとの行き違い。大事な絵本を破られちゃった、そんな場面で、「ひどい目にあった」と言いそうになったら、ぐっと抑えてくださいね。申し訳なさそうに絵本を返してきたお友だち。一緒に絵本を直そうとしてくれたお母さん方。

「敵」ではなく、みんな「味方」です。

「みんな助けてくれたね」って、表現しましょう。

31

「役に立たない」→「役に立たないモノなんてない」

モノとの関係は人との関係にも影響します

Yちゃんのお母さんから、相談です。

Yちゃんが、モノを捨てないので困っている、ということです。

「壊れたり破れたりして、もうまったく役に立たないモノを、いつまでも取っておく、と言い張るんです。先日は、こっそり捨てたことで、2時間以上泣き続けました」

それは、困りました。

——でも、どうして、Yちゃんは、捨てたくないんでしょうか。気持ちを聞いたことはありますか？

「はい、『かわいそう』って、言うんです。『捨てたらかわいそう』って」

――ああ、捨てられて「かわいそう」って思うんですね。

う～ん、お母さん、先ほど、「役に立たない」という言葉を使われてましたね。ちょっと変えてみるといいかもしれません。

あるアイデアをお伝えしました。

どんなアイデアかというと、捨てるときに、「今まで役に立ってくれてありがとう」と言うということです。

――どうでしたか？

「それが、びっくりするぐらい、すんなりと捨てることができました」

「捨てるときに、私、涙が出たんですよ」

そうですよね、今まで役に立ってくれていたのに、破れたり壊れたりしたら、あっと言う間に「ゴミ」扱いです。それを「かわいそう」って感じるYちゃんの感性、い

もういらない
モノだよね。
捨てよう
え、あ、ちょっと待って…
捨てるときに
「今まで役に立って
くれてありがとう」
と言ってみたら？
びっくりするくらい
すんなり
捨てられました
ありがとう

いですね。

そして、お母さんは、「役に立つ・立たない」以外の基準、いわゆる「情」を感じる部分が少し足りなかったのかもしれません。

役に立たないモノなんて、ないのです。役目を終えた、ということです。役に立った、ということです。

モノにも、心があるとしたら、それを大事に汲んであげられるYちゃん、素敵です。お母さんも、寄り添えるようになって、素敵です。

モノとの関係は、人との関係にも影響します。人だって、モノだって、役に立たないなんて言われたら、悲しいですから。

32

「気が弱い」「優柔不断だ」↓「優しい」「人のことが考えられる」

友だちに言い返せないわが子に伝えてあげたいこと

お子さんの性格について、相談を受けることもよくあります。

性格というのは、多面的に見たほうがいいと思うんですよ。


「気が弱くて、お友だちに言われても言い返せない。だから、言われっぱなしなんです」

そんなふうに相談されたら、どうしますか？


その「気が弱い」という性格を変えるのは、なかなか大変です。そして、変える必要もありません。

「気が弱い」というお母さんの表現を変えるほうが、カンタンです。

「優しい」とか「人のことを考えられるのね」とかです。

そして、「お友だちに言われたときに、言い返せる」も、ちょっと変えてみましょう。

「お友だちと言葉でキャッチボールができる」が、いいかもしれません。

「お友だちに何か言われて」とか「言い返す」とか、ちょっと被害者的、攻撃的な印象の言葉ですね。相手はクラスメイト。わざわざ敵対するような言葉を使う必要もありません。

「気が弱くて、言い返せない」という表現と、「気持ちが優しいわが子が、お友だちと言葉でキャッチボールをできるようになってほしい」という表現と、どちらがいい感じでしょうか？

どちらが、望ましい未来を創りそうですか？

33 「頑固だ」「気が強い」↓「意志が強い」「自分軸がある」

子どもの性格を決めつけることから自分を解放しましょう

「頑固で、言い出したらきかない」「気が強くて、お友だちとよく衝突する」というのも、同じように言い換えしてみましょう。

まず、「頑固」「気が強い」です。

いい感じの言葉に変えましょう。

「意志が強い」「自分軸がある」「やりたいことがハッキリしている」なんて、どうでしょうか。

「頑固」と評価されている子は、ますます「頑固」になりやすい。

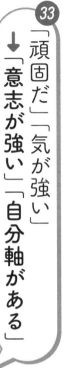

でも、「意志が強いよね」とか言われたら、嬉しくなって、お母さんの言うことも聞ける心の状態になるかもしれません。

「頑固」「言い出したらきかない」という、硬くて柔軟性のない表現はやめて、「意志が強くて、それをしっかりと伝えられるわが子と、いいコミュニケーションが取れるようになりたい」という表現に変えていくのはどうでしょうか。

お子さん側だけの問題ではなくて、お母さんとお子さんの間のコミュニケーションの問題なんですよ。

「気が強くて」「お友だちとよく衝突する」も同じです。

言い換え、思いつきましたか？

性格に問題があるのではなく、表現に問題がある。まず、それを変えていくのが、問題解決の早道のようです。

ちなみに、「気が強い」ことと、「お友だちとよく衝突する」こととは、それほど関連性はありません。

コミュニケーション能力が上がれば、解決する問題です。

コミュニケーション能力を上げていくためには、お母さんをはじめとする周りのおとなのサポートが必要ですね。

サポートを受けたい、受けようと、お子さん自身が思えるような関係を構築することが、まず必要なことです。

「頑固」って、決めつけられた子どもも、決めつけたお母さんも、苦しいですよね。お母さん自身も、誰かに決めつけられた人生を生きていませんか。

子どもの性格を否定的、固定的、一面的に表現することから自分自身を解放しましょう。

子どもって、人間って、そんな固定されたものではないんです。もっと自由で、変化に富んでいて、同じ人間の中にも、いろんな面があるんです。

これからどんな面が出てくるのか、楽しみましょうね。

34

「変わり者」「周りから浮く」↓「個性的」「ユニークだ」

困った行動には、親の本当の気持ちや願いを伝えましょう

個性尊重の時代と言われてはや30年、周囲と異なる行動する子どもが今でも、「変わり者」「周りから浮く」とネガティブに扱われることが多いのが、本当に残念です。

周りと同じでなくてはならない、同じようにさせたい、それは何のためでしょうか。管理しやすい、支配しやすい、集団で扱いやすい、それは、子どものためではないですね。

目立つといじめられる、とか、出る杭は打たれるとか、心配しすぎです。

その子の、個性やユニークさそのものを見てください。ほかの人を害さなければ、別にかまわないじゃないですか？

では、ほかの人を害する場合はどうしましょうか。

先日、ある小学校の先生から、こんな話を聞きました。

クラスの子のお母さんが、子どもに向かって言ったそうです。

「こんなだったら、お母さんと離れて暮らすことになっちゃうよ」

発達上の問題もあり、乱暴な行動でクラスメイトを叩いたり、モノを壊したりすることがある子の、お母さんです。愛情を込めて、いろいろなことをやってきて、手を尽くして、それでも、その子の乱暴な行動はなかなか直りません。

「人に乱暴する子は、警察に捕まるんだよ。大人になっても直らなかったら、警察に連れていかれるよ。お母さんと一緒に暮らせないよ。お母さんと離れて暮らすことになっちゃうよ」

「お母さんも、本当にやりきれない気持ちなんだと、思います。私も、なんと言ってあげていいかわからなくて、『お母さん、そんなこと言っちゃダメですよ』と伝えるのが精一杯でした」と、先生も涙目で言われました。

不幸な未来、望んでいない未来を予言するような言葉は、言わないに越したことはありません。でも、このお母さんの気持ちも分かります。

どう言ってアドバイスしたらいいでしょうか。

言ってしまったことは、元へ戻せませんから、つけ加えるのがいいかなと思います。

本当の気持ち、お母さんの本当の想いを、つけ加えるのです。

「お母さんは、あなたのことが大好き。あなたとずっとずっと一緒に暮らしたい」

「あなたが乱暴な行動を止めることができるようになって、みんなと仲良く過ごせるようになってほしい」

「お母さんは、あなたがみんなのことを大切にできて、みんなからも大切にしてもらえるようになったら嬉しい」

これが、本当の気持ち、本当の願いですよね。

「こうなったら困る」「こうなったらイヤ」だけだと、本当の気持ちの半分しか伝わりません。自分の本当の気持ち、本当の願いを掘り起こして言語化してみましょう。そして、それを繰り返して伝えましょう。

自分自身の心に染み込むように、繰り返して伝えましょう。お母さんの心に染み込んできたら、お子さんに伝わります。

35 「ウソつき」「約束を破る」↓「たまたま」「今回は」

「ウソつき」「約束を破る子」と性格の問題にしないのがコツ

ゲームは一日1時間と決めたのに、子どもが約束を守れないとき、どんなふうに思いますか。

自分で決めたことなのに、話し合って約束したことなのに。一方的に怒ったらダメだと分かっているから、怒らないようにして、理性的に話し合いをしたのに。

また、今回も、約束を破った。

がっかりしますか？　裏切られた気分ですか？

「嘘つき」って、思いますか？　この子は「約束を破る子だ」と思いますか？

もう約束しても、信じない。この子の言うことは信じられない、って思いますか？

自制心がない。どうしようもない子だ。うまく育てられなかった。私は無力だ。そう思いますか？

いったい、どう考えたらいいのでしょう。

「嘘つき」と言って、非難したい気持ちも分かります。何のために約束したのか、あの時間や話し合いは無駄だったのか、と怒りや落胆の感情が出るのも、分かります。

しかし、子どもを「嘘つき」にしたいわけでは、ありませんね。

「約束を破る」というのは、行動です。行動は、性格とは違います。

「今回は」「たまたま」、「約束を守らなかった」と捉えてみましょう。

約束を守る回数が、破る回数よりも多くても、「今回は」「たまたま」だ、と表現してみてください。

約束を守ったり、破ったりする。それは、誰でも、そうです。

「嘘つき」ってレッテルを貼るのは、ちょっと待ってくださいね。

「嘘つき」「約束を破る子」というのを、子どもの性格だと捉えると、どんなことが起こるでしょう。

「嘘つき」ですから、ゲーム以外のことも、約束したことを守りませんね。言ったことに信ぴょう性が持てません。人から信頼されませんし、自分でも信頼ができません。

今までも、これからも、「嘘をつく」人生を送ることになってしまいます。

それは、いけませんね。


今回は、たまたま、約束を守らなかった。

次は、守るようにしよう。

そうしよう。

そのために、どんな工夫をしようかな。

子どもはゲームが大好き。自制心も育つ途中。

お母さんも、子育て上達中。

それでいいの？　それでいいのです。

36 「飽きっぽい」「集中力がない」↓「好奇心が旺盛」「チャレンジ意欲がある」

今は「一つやりとげる」より「いろんな経験を積んでいる」時期！

「飽きっぽい」「集中力がない」と聞くと、悪いイメージでしょうか。

私は、子どもらしくて、いいなと思いますが、どちらかというとやはりネガティブなものが伝わりますね。

「好奇心が旺盛」「いろいろなことにチャレンジしようとする」だと、だいぶ印象が変わります。

飽きっぽかったり、集中力がなかったりすることで、困ることは何でしょうか。

たとえば、何かを習得するときには困るかもしれませんね。習い事を習得する前に、ほかのことが気になってやめてしまうこともあるでしょう。

テストを受けるときには、その時間集中することが必要です。集中力がないと困ることもあるでしょう。

いずれにしても、子ども本人が、「本当にやりたいこと」「本当に身につけたいこと」が見つかったときに、乗り越えていくべき課題です。

親からすると、一つのことをきちんとやりとげることのほうが大切なように思えるかもしれませんが、いろいろなことに興味を持ち、経験の幅を広げている時期だと、捉えてあげてほしいですね。

子どもの発達段階としては、小学校低学年ぐらいまでは「集中力がない」ことがあるのはごく普通のことです。そんな中でも、集中できること、やり続けられることもあるはずです。「この子は飽きっぽい子」「集中力のない子」とレッテルを貼らずに、子どもの発達を見守っていきましょう。

第5章

自分からチャンスをつかむ子になる言葉

いざというときに実力が発揮できる

運がいい子の特徴とは？

さて、最後の章では、「実力が発揮できる」ようになる言葉です。自己肯定感が上がり、行動し、学び、対人関係もよくなりました。成功するために必要なもの、最後は、「運」です。「運」とは、どういうことかというと、「いざというときに実力が発揮できる」ということです。

令和の時代、どういうふうに展開していくのか、先の読めない時代と言われていますす。できるだけの備えをし、努力をしても、それで安心・安全とはいかないかもしれません。最後は、「運」です。この「運」について、理解しておく、知識として知っておくだけでも、違いが出ると思います。

私はたくさんの受験生を指導してきました。一度きりのチャンス、今まで培ってきた実力が発揮できるかどうか、それが「運」です。実力以上の力を出そうとするのではありません。「実力通り」で合格できるというところまでは、子どもたちの自助努力の範疇です。そして、その実力がそのまま発揮できるかどうかが、「運」なのです。「運」を上げるために、使うべき言葉を使い、使うべきでない言葉は避けます。

受験直前には、「落ちる」とか「すべる」とか言わないようにしますよね。「忌み言葉」と言われるものです。古臭い迷信だと思いますか？　でも、やっぱり、自分の子が受験するときには、言わないようにしていますよね。本当だったら困りますからね。

受験以外のときは、「運」が悪くても、いいでしょうか？　人生全般にわたって、「運」がいいほうが、よくないですか？

いつでも、「いざというときに実力が発揮できる」状態がよくないですか？　あ、実力は必要です。つまり、ふだんの努力があってこそ、「運」が生かせますので、そこは注意してくださいね。何もしなくていいことは起こりません。

「運」と言霊、非常に関係が深いんです。これから具体的に見ていきましょう。使えそうなものがあったら、参考にしてくださいね。

37 「ツイてない」「運が悪い」→「ラッキー」「運がいい」

子どもの前向きな気持ちや行動力を伸ばすために

「ツイてない」「運が悪い」って言うと、本当に運気が落ちる、「ラッキー」「ツイテル」「運がいい」って言うと、運気が上がるという話は、聞いたことのある人も多いと思います。また、松下幸之助さんが、社員を採用するに当たって大切にしていたことは、能力や性格以上に、その人が「運がいい」かどうかだったという話も有名ですね。

では、「運がいい」とは、どういうことを指しているのでしょうか。

心理学的に解説すると、自分は「運がいい」と思っている人は、そう思っていない人よりも、「物事の捉え方が前向き」「対人関係を大切にしている」「行動的」な傾向が強いということです。

より前向き、より社会的で、より行動的であるために、チャンスをつかみやすく、人に貢献しやすく、人に好かれやすく、結果として、「運がいい」という状態になるということですね。

「ツイてない」「運が悪い」という口ぐせがある人は、言い換えをお勧めします。ますます運が悪くなるからです。

言い換えのポイントですが、いいことが起こったときに、「ラッキー」とか「ツイテル」とか言うのではないのです。

いいことが起こっても、悪いことが起こっても、どんなときも、「ラッキー」「ツイテル」「運がいい」って、言ってくださいね。口ぐせになるぐらい、たびたび言ってください。バカみたい、って思っても、言ってください。

でも、悪いことが起こったときに、「ラッキー」なんて、思えませんよね。

それでも「ラッキー」と言ったほうがいいのでしょうか。本心では思っていないのに。

たとえば、電車の車両トラブルで遅刻してしまったとしましょう。上司に注意されました。その場面だけ見れば、「ラッキー」ではありませんね。

どう考えるか、なんですが、「もっと大きな災厄が来なくてよかった、ラッキー」

ということです。「これぐらいで済んだ、ラッキー」ということです。

あるいは、「ちょうどいい」と捉えることもお勧めです。

自分ではどうにもできない（人間の努力では変えられない）出来事が起こることって、ありますよね。そんなときには、「これでちょうどよかった」と捉えるのです。

実際に、電車が遅れたおかげで、大きな事故に巻き込まれずに済んだり、ずっと会えなかった人とばったり遭遇したりすることがあります。

自分ではどうにもできないことを、悔やんだり、恨んだり、文句を言ったりしても、何の得にもなりません。

「ちょうどいい」と考えて、切り替えていくと、未来に意識が向きます。起こってしまったこと、過去は変えられないのです。変えられるのは、自分の意識です。

「ラッキー」「ツイテル」「運がいい」、そんな人が周りにたくさんいたら、「ラッキー」じゃないですか？

「運がいい」家族に囲まれて、「運がいい」友だちと遊んで、「運がいい」会社で働いて、「運がいい」人生を生きましょう。子どもたちにも、そんな人生を送らせましょう。

38

「足りない」→「満ち満ちている」「恵まれている」

周りに恵まれている人はどんな口ぐせ・思考ぐせをしている？

持っているものがなくなったらどうしよう、という不安をまったく感じない人はいないと思います。だから、銀行にお金を預け、生命保険をかけ、火災保険をかけ、自動車保険をかけ、年金保険をかけ、安心を得ようとするんですね。

また、何かをしようとするときに、「足りない」と感じてそれを表現することも多いでしょう。「時間が足りない」「お金が足りない」「人手が足りない」「情報が足りない」、よく言いますね。

これは別に悪いことではないのですが、それと同じように、「ある」ものに目を向けてみることも大切だと思います。たくさんのものをすでに持っている、与えられていることへの、感謝の気持ちとともに。

今あるものを大切にするということが、持っているものを失わないこと、あるいは、もっと増やしていけるようになることのスタートです。

そうでないと、持てば持つほど、失う不安が大きくなってしまいます。お金はあっても不幸せな精神状態ですね。

不安よりも、感謝が大きければ、財産は増えても幸せな状態が続きます。そういう仕組みになっています。


宇宙に富はあふれています。世界は豊かさに満ち満ちています。私たちは、すでに、恵まれています。そういう言葉を使う人に、富も豊かさも恵みももたらされるのです。

子どもたちにも、「不足」や「不安」や「不満」な人生ではなく、満ち足りていて、安心で、満足な人生を送ってほしいですよね。

無いものにでなく、有るものに目を向ける言葉の言い換え、実践してみてくださいね。

39

「させられる」→「する」「させていただく」

受け身の子どもの能動性を育てる方法

「休日なのに、仕事をさせられた」って、ふつうに使ってますか？

では、これは聞いたことありますか？

「お母さんに、お手伝いをさせられた」

違和感、感じますか？


「させられる」は受け身、被害者意識の立ち上がりやすい言葉です。

自分で決めて行動する「する」に変えてみましょう。

「お手伝い」って、家事を分担することです。家事って、どんなふうに捉えていますか？　嫌なもの？　やらなければならないもの？　しかたなくするもの？

家事は、そこに住む人たちが安心、安全に暮らすための大切な「家」を調える仕事です。大切で尊い仕事なんですよ。そんなふうに思ったこと、ありますか？

嫌なことを押しつけあうのではなくて、家族のための尊い仕事を分け合うのが、「お手伝い」。だから、自分から進んでやる。そんな子どもに育ってほしいですよね。

そして、もう一段、使命感を持って、「させていただきます」と変換するのも、お勧めです。いつもの仕事、いつもの家事、いつもの育児、「やらされてやる」「自分が選択してやる」「自分の使命としてやる」、どの立場でやるのかを決めてください。

ぜひ、言い換えしてみて、感覚の違いを体感してくださいね。

40 「間に合わない」→「間に合う」「ちょうどいい」

この言いかえで、人を責めたり後悔したりしなくなります

「間に合う」って、時間に間に合うこと、タイミングのことです。「間に合う」ように工夫しましょう。「間に合わない」って言うと、焦る気持ちが出てきて、体が上手に動かせなくなり、間に合わなくなります。「間に合う」って言うと、不思議と安心感が出て、間に合います。やってみてくださいね。

そして、努力や工夫の甲斐もなく、間に合わなかったときは、「ちょうどいい」って表現してくださいね。人や物を責めない。過去を悔やまない。「すべてちょうどいい」のです。

41

「できない」↓「やってみよう」「大丈夫」

「やってみたら？」と行動を後押しして安心感を与えよう

最近の子どもたちは、「できない」ってよく言います。

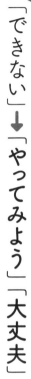

できない。だから、やらない。
できない。だから、代わりにやって。

Tちゃんのお母さんからのご相談です。Tちゃんは小学4年生の女の子、下に妹がいます。ちょっと慎重派です。
「いろいろな経験をさせたいと思って、習い事の体験レッスンなどに連れていくんですが、本人がやりたいと言わないんです。先日もスイミングの体験をしたんですが、『できないからやらない』って」

「『やらないとできるようにならないよ』と言ってみても、効果がありません」

――Tちゃん、スイミング楽しかったって言ってましたか？

「あら。聞いてません」


できるかできないか、という成果を軸にした考え方が、子どもたちの行動を止めてしまっています。

「楽しいかどうか」「好きかどうか」よりも「できるできない」が優先されていることに気づきましょう。おとなが優先しているということですよ。

「うまくできなかったらどうしよう」。その不安につぶされそうになっているから、チャレンジができないだけです。


「やってみたらいいよ」。そんなふうに、さりげなく背中を押してあげるといいですね。

うまくできなくても、大丈夫です。その安心感を伝えてあげましょう。

「きっとできるよ」。そう言って、「やってみよう」と思えるように背中を押すのです。

それから、**「～しないといけない」という言い方（押しつけ構文）は、子どもたちのモチベーションを下げがちです。**

「～すると～になるかもしれないよ」（あとおし構文）

と言い換えしてみると感じがだいぶ違うことに気づくでしょう。

（押しつけ構文）「やらないとできるようにならないよ」

↓

（あとおし構文）「やってるうちにできるようになるよ」

言ってる内容は同じなんですが、受け取る側の感覚として軽い感じ、いい感じ、行動しやすい感じが伝わってきますか？

押しつける感じ、脅迫的で重い感じの言い方（構文）にならないように、気をつけてみるといいですね。

スイミングスクール
やらないとできるようにならないよ
スイミング
「やっているうちにできるようになるよ」に変えてみて
言いカエル〜
やってみる!!
娘はスイミングを続けることができました
スイミング

42 「どうしよう」↓「どうにでもなる」

不安のスパイラルから脱け出す言葉の力

「どうしよう」と思っても、いいアイデアはわきません。不安の渦に飲み込まれるだけです。

子どもたちは、思った以上に親の精神状態に影響されています。不安なとき、心配なとき、どうしたらいいか分からないとき、「どうしよう」という言葉を使うと、その不安が、心配が、増大します。不安や心配の感情の波が、子どもに影響するんですよ。

どうしたらいいか分からないときこそ、「どうにでもなる」「どうにでもできる」という力強い言葉の力を借りましょう。「どうにでもなる」は、自分の手にハンドルを取り戻す言葉です。どうなるか分からないこれからの時代、「どうしよう」と心細く生きるのではなく、人生のハンドルを自分で持って力強く生きていってほしいですね。

43 「不安だ」「落ち着かない」→「変化の兆し」「いい感じ」

「変化」を「不安」ではなく「いい感じ」と、とらえてみませんか

たとえば、新学期。新しいクラス、新しい担任の先生、新しい友だち。そんなとき、子どもたちは、不安そうな顔をします。落ち着かない気持ちになります。私たちおとなも、これからどうなるか分からないとき、新しいことに挑戦するとき、心がザワザワして不安や落ち着きのなさを感じることって、ありますよね。いい変化のときも、悪い変化のときも、感じますね。それを「不安」と言えば、不安になります。「いい感じ」「変化の兆し」と捉えれば、「いい感じ」もしくは、たんなる「変化の兆し」です。

変わろうとするエネルギーを感じてください。決して悪いものばかりではないはず。そして、たとえ悪いものに見えても、またよいほうへ変化する途中です。ネガティブに捉えすぎず、ニュートラルに、あるいは、楽しみに、変化のときを過ごしましょう。

44 「落ち込む」↓「上がる準備」

落ち込んだときは、上がるチャンス

「落ち込む」という言葉、よく聞きます。そんなに落ち込みたいんでしょうか。落ち込んだ状態を固定したいのでしょうか。言葉というのは、いったん口から出すと現実として固定されるという性質を持っています。「落ち込む」「へこむ」は一時的な気分を表す言葉ですが、言葉として出すことでその気分が長く続きやすくなるのです。

望む状態を選択して言葉にする習慣を身につけることで、自分の望む気分を自分で作ることができます。落ち込んでいること自体が悪いわけではないし、人生には落ち込むこともあります。でも、落ち込んでも、上がれます。「上がる準備」してるんだと表現しましょう。子どもたちにも、自分の気分は自分で決められることを伝えましょうね。

45 「誰も分かってくれない」↓「天は見ている」「必ず報われる」

悪口を言う代わりに自分の務めを果たす

人生は長いので、「誰も分かってくれない」と感じることはあると思います。私自身は、子どものころに強くよく感じていました。「誰も分かってくれない」のは、自分の語彙の少なさや表現力が未熟なせいだと気づいて、分かってもらうための努力はしました。おかげで国語の教員にまでなれましたが、「誰も分かってくれない」という気持ちはずっと残りました。

その気持ちが切り替えられたのは、私がどうするかが重要で、それを誰も分かってくれなくてもいいんだ、と開き直ったときです。

そのとき同時に、誰も分かってくれなくても、神様は見てくださってるんだと気づきました。「天は見ている」ということです。自分と神様に対して恥ずかしくない生き方をすればいいんだ、と思ったときに、他人に対して変な期待（分かってもらおうとすること）をしなくて済むようになりました。

別の言い方だと、努力は必ず報われる。いわゆる「因果の理法」です。いいことはいい結果を生み、悪いことは悪い結果を生む。すぐにではなくても、必ずやったことの報いは受けるのだということです。

だから、人の悪口も、言わなくていいのです。悪い人は必ずその報いを受けます。私たちが、自分や大切な家族の耳に届くところで、わざわざ悪口を言わないでもいいのです。どんなに正しくても、人の悪口を広めるのはやめましょう。その悪口の波動が、あなたとあなたの周りの人の運気を下げてしまうからです。

天は見ています。天は、恐ろしいほど公平です。悪口を言う代わりに、自分の務めを果たしたほうがいいですね。

「誰も分かってくれない」と言う代わりに、「天は見ている」と言ってみましょう。そして、人の悪口や環境の不満を言う代わりに、「必ず報われる」と言って、淡々と自分のやるべきことに集中してみましょう。

その姿勢が、子どもたちを勇気づけます。子どもたちを、導きます。
愚痴や不平不満を言いたくなるような状況でこそ、どんな言葉を選び発するのか、
子どもたちのモデルとなってくださいね。

46

「なんで私がこんな目に」↓「神様、ありがとう」

「徳」の積み立て貯金は子どもに受け継がれます

心正しく生きていても、人生には何度か逆境が訪れます。「なんで私がこんな目に」と言いたくなるようなことも、あるかもしれません。

でも、毎日のように、「なんで私が」と思ったり、ブツブツ文句を言ったりするのは、やはり、違うと思います。言い換えましょう。言い換えの言葉は、「神様、ありがとう」がいいですね。

仕事はできる人のところに集まると言われています。難しい仕事や町内会の面倒な交渉事、親戚関係のもめ事、子どもの問題、「なんで私が」と思うときこそ、「神様、ありがとう」と言って、引き受けさせてもらいましょう。

「なんで私が」と文句を言っても、あなたの代わりにやる人はいないのです。どうせやるんですから、前向きに取り組みましょう。

目には見えないけれども、「徳」という形の貯金が積み立てられているのだと想像してみてください。あなたが引き受けた分だけ、天の蔵に徳積み貯金ができていて、いずれ満期が来ておろせるとしたら、どうでしょう。「神様、ありがとう」と言っておいて損はないと思いますよ。

そうやって、人の嫌がる面倒ごとを引き受けているあなたが、運が悪くなるはずがないのです。

徳積み貯金は、子孫に受け継がれますから、子どもや孫たちまで運がよくなること間違いありません。この貯金はなくなることはなく、盗られる心配もいりません。安心して積み立ててくださいね。

おわりに

私の地元広島には、「育自塾」という小さなコミュニティがあります。子育て中のお母さん方が、自分自身を育てるための学びの場です。

わざわざ子どもを預けて来なくても、大丈夫。未就園児、連れてきていいです。専門の資格を持った方が同じお部屋で見守り託児をしてくれてますから、お母さんは勉強に、しばし集中できます。

子どもたちは自由にしてていいんですが、お母さん方が勉強している間は、みな驚くほどいい子で遊んでます。

そんな学びの場があるといいな、と思った、一人のお母さんが、始めました。私はお手伝いをさせてもらってます。

何を学んでいるのか？

家とスーパーと公園と、幼稚園・保育園の送迎と、ときどき病院と、そのぐるぐるの中では学べないこと。

平成から令和に変わって、社会はどんどん変化しているみたいだけど、自分だけ「いつもと同じ」家事や育児をしてる、その不安や焦りや孤独ややりきれなさを、なんとなくごまかしながら過ごすのではなくて。

テレビやネットの、ゴミのような断片的な情報ではなくて。

もっと前向きに子育てや家事をできる自分になるための、何か。

自分はひとりじゃなくて、社会とつながっているんだ、自分は役に立つんだという実感を伴った、何か。

子どもたちが成長して、社会に戻るときに、少しでも成長した自分でいられるための、何か。

夫や子どもたちや家族や、親せきや友人と過ごす「今」を大切に思い、感謝できる、何か。

月に一回、立ち止まって自分を振り返り、モチベーションを高める、何か。

そんな、「何か」をお伝えしています。

私は、家庭は経営するものだと思っています。人生も、経営するものだと思います。お伝えする内容は、心理学や教育学や経営学、食事、健康や学習やしつけや遊びや、それこそいろんな分野にわたりますが、学ぶことは、「経営マインド」です。

「どうしたら」という方法ではなく、
「どうしていくのか」「どうしたいのか」という方針を考える習慣を持つということです。

子育てに関しても、
「どう育てたらいいんですか？」と人に聞くんじゃなくて、
自分はどう育てたいのか、考える。
こんなふうに育てたい、が最初で、
どうしたらいいか、は後です。

とはいえ、「どうしたいのか」を何もないところから考えるのは難しいです。自分が「どうしたいのか」を考える材料が必要ですね。

その「材料」になるものを、いろんなかたちでお話ししています。

もちろん広島に住んでいなくても大丈夫。あなたもできるんですよ。その材料の一つとして、この本を書いています。

今までに六冊の本を出していますが、それらも、「あなたが」どうしたいのか、どうするのか、を考える材料となるためのものです。

この本を読んでくださっている「あなた」が、どうなりたいのか、どうしたいのか、を見つけてくださると嬉しいです。

田嶋英子

著者紹介

田嶋英子　プロコーチ／NLPマスタープラクティショナー。あねごイノベーションズ代表。1961年佐世保生まれ。広島大学教育学部で教育学と心理学を学び、卒業後は高校教諭として活躍。結婚・出産後は二男一女を東京大学などへの進学サポートに成功。現在は、子どもの不登校・ニート・引きこもり問題、夫婦関係の改善など、家族・子育て・職場の人間関係に精通した「お母さんサポートの専門家」としてセミナーやトレーニングを行っている。著書に『子どもの「言わないとやらない！」がなくなる本』（小社刊）などがある。

※NLPとは、Neuro Linguistic Programming（神経言語プログラミング）の略で、コミュニケーション技法と心理療法を中心につくられた最先端の心理学メソッドです。

叱《しか》りゼロ！
「自分《じぶん》で動《うご》ける子《こ》」が育《そだ》つ魔法《まほう》の言《い》いかえ

2020年6月1日　第1刷
2020年11月25日　第2刷

著　者　田《た》嶋《じま》英《えい》子《こ》

発行者　小澤源太郎

責任編集　株式会社 プライム涌光
電話　編集部　03(3203)2850

発行所　株式会社 青春出版社
東京都新宿区若松町12番1号　〒162-0056
振替番号　00190-7-98602
電話　営業部　03(3207)1916

印刷　中央精版印刷　　製本　大口製本

万一、落丁、乱丁がありました節は、お取りかえします。
ISBN978-4-413-23155-8 C0037

田嶋英子先生の大好評！子育て本

子どもの「言わないとやらない!」がなくなる本

自分で決め、自分からやる心を育てる
ちょっとした方法

1300円
ISBN978-4-413-03914-7

子どものグズグズがなくなる本

すぐ「できない」「無理～」と言う・
ダダをこねる・要領が悪い…

1300円
ISBN978-4-413-03942-0

「やっていいこと・悪いこと」がわかる子の育て方

いちばん大事なのは「自分で判断する力」

1300円
ISBN978-4-413-03976-5

子どもの一生を決める!「待てる」「ガマンできる」力の育て方

自分で決め、自分からやる心を育てる
ちょっとした方法

1300円
ISBN978-4-413-23056-8

わがまま、落ち着きがない、マイペース…子どもの「困った」が才能に変わる本

“育てにくさ”は伸ばすチャンス

1350円
ISBN978-4-413-23108-4

※上記は本体価格です。（消費税が別途加算されます）
※書名コード（ISBN）は、書店へのご注文にご利用ください。書店にない場合、電話またはFax（書名・冊数・氏名・住所・電話番号を明記）でもご注文いただけます（代金引換宅急便）。商品到着時に定価＋手数料をお支払いください。〔直販係　電話03-3203-5121　Fax03-3207-0982〕
※青春出版社のホームページでも、オンラインで書籍をお買い求めいただけます。ぜひご利用ください。〔http://www.seishun.co.jp/〕

お願い　ページわりの関係からここでは一部の既刊本しか掲載してありません。折り込みの出版案内もご参考にご覧ください。